Sabores de Tailandia
La Esencia Auténtica de la Cocina Thai

Achara Siripong

Indice

Camarones con salsa de lichi *11*
Gambas fritas con mandarina *12*
Camarones con salsa picada *13*
Camarones con champiñones chinos *14*
Gambas y guisantes fritos *15*
Camarones con chutney de mango *16*
Bolitas de camarones fritos con salsa de cebolla *18*
Gambas mandarinas con guisantes *19*
langostinos pekineses *20*
Camarones con pimientos *21*
Camarones fritos con cerdo *21*
Gambas fritas con salsa de jerez *23*
camarones fritos con sésamo *24*
Gambas fritas con cáscara *25*
Camarón frito *26*
camarones en tempura *27*
debajo del neumático *27*
Camarones Con Tofu *29*
Camarones con tomates cherry *30*
Camarones con salsa de tomate *30*
Camarones con salsa de tomate y chile *31*
Gambas fritas con salsa de tomate *32*
Camarones con verduras *34*
Gambas con castañas de agua *35*
wonton de camarones *36*
Mejillones Con Pollo *37*
Abulón con espárragos *38*
Abulón con champiñones *39*
Abulón con salsa de ostras *40*
mejillones al vapor *41*
Mejillones con brotes de soja *42*
Mejillones con jengibre y ajo *43*

mejillones al vapor 44
pastel de cangrejo 45
crema de cangrejo 46
Carne de cangrejo chino con hojas. 47
Cangrejo Foo Yung con brotes de soja 48
cangrejo de jengibre 49
Cangrejo Lo Mein 50
Cangrejo frito con cerdo 51
carne de cangrejo cocida 52
Bolas de calamar fritas 53
langosta cantonesa 54
langosta frita 55
Langosta al vapor con jamón 56
Langosta con champiñones 57
Colas de langosta con cerdo 58
langosta al vapor 59
nido de langosta 61
Mejillones en salsa de judías negras 62
Mejillones con jengibre 63
Mejillones al vapor 64
ostras fritas 65
Ostras con tocino 66
Ostras fritas con jengibre 67
Ostras con salsa de frijoles negros 68
Vieiras con brotes de bambú 69
Peregrinos con huevos 70
Vieiras con brócoli 71
Peregrinos de jengibre 73
mejillones con jamon 74
Huevos revueltos con mejillones y hierbas 75
Mejillones y cebollas al vapor 76
Peregrinos con verduras 77
Pellegrini con pimientos 78
Pulpo con brotes de soja 79
calamar frito 80
paquete de pulpo 81

4

Calamar frito 83
calamares al vapor 84
Pulpo con setas secas 85
Pulpo Con Verduras 86
Gulash de ternera al anís... 87
Ternera con espárragos.. 88
Filete con brotes de bambú... 89
Filete con brotes de bambú y champiñones............................... 90
Gulash de ternera al estilo chino... 91
Filete con brotes de soja... 92
Filete con brócoli.. 93
Carne de sésamo con brócoli.. 94
Carne a la parrilla.. 96
carne cantonesa 97
Filete con zanahorias.. 98
Filete con anacardos 99
Filete de cocción lenta.. 100
Filete Con Coliflor.. 101
Ternera con apio.. 102
Rebanadas de ternera fritas con apio.. 103
Rebanadas de filete con pollo y apio 104
carne de chile... 105
Filete con col china.. 107
Chop Suey de Ternera.. 108
filete con pepino... 109
cómeme carne 110
pepino asado.. 112
Curry de carne asada 113
mejillones en salmuera 114
Brotes de bambú al vapor... 115
marinada de pollo... 116
pollo al sésamo 117
Lichi con jengibre... 118
Alitas de pollo cocidas rojas... 119
Carne de cangrejo con pepino... 120
champiñones en escabeche 121

Champiñones marinados al ajillo *122*
Camarones y coliflor *123*
Palitos de jamón con semillas de sésamo *124*
tofu frio *125*
Pollo con tocino *126*
Papas fritas con pollo y plátanos *127*
Pollo con jengibre y champiñones *128*
pollo y jamon *130*
Hígado de pollo a la parrilla *131*
Bolas de cangrejo con castañas de agua *132*
Suma modesta *133*
Rollitos con jamón y pollo *134*
Jamon cocido *136*
pescado pseudoahumado *137*
champiñones guisados *139*
Champiñones en salsa de ostras *140*
Rollitos de cerdo y ensalada *141*
Albóndigas de cerdo y castañas *143*
cerdo, albóndigas y chucrut *144*
Sándwiches de cerdo y ternera *145*
camarones mariposa *146*
camarones chinos *147*
nube de dragón *148*
camarones crujientes *149*
Camarones con salsa de jengibre *150*
Rollitos con gambas y pasta *151*
tostadas de camarones *153*
Wontons de cerdo y gambas con salsa agridulce *154*
Caldo de pollo *156*
Sopa de brotes de cerdo y frijoles *157*
Sopa de abulón y champiñones *158*
Sopa de pollo y espárragos *160*
Caldo de pollo *161*
Sopa china con ternera y hojas *162*
Sopa de repollo *163*
Sopa de ternera picante *164*

sopa celestial 166
Sopa de pollo y brotes de bambú 167
Sopa de pollo y maíz 168
Sopa de pollo y jengibre 169
Sopa china de champiñones con pollo 170
Sopa de pollo y arroz 171
Sopa De Pollo Y Coco 172
sopa de almejas 173
sopa de huevo 174
Sopa de cangrejo y vieiras 175
sopa de cangrejo 177
Sopa de pescado 178
Pescado y sopa principal 179
Sopa de jengibre con albóndigas 181
sopa fuerte y agria 182
Sopa de champiñones 183
Sopa de champiñones y repollo 184
Sopa de champiñones y huevo 185
Sopa de setas y castañas con agua 186
Sopa de cerdo y champiñones 187
Sopa de cerdo y berros 188
Sopa De Pepino Y Cerdo 189
Sopa con albóndigas y tallarines 190
Sopa De Espinacas Y Tofu 191
Sopa de maíz dulce y cangrejo 192
sopa de sichuan 193
sopa de tofu 195
Sopa de pescado y tofu 196
sopa de tomate 197
Sopa de tomate y sopa de espinacas 198
sopa de nabos 199
sopa 200
sopa vegetariana 201
sopa de berro 202
Pescado frito con verduras 203
Pescado entero al horno 205

Pescado de soja al vapor *206*
Pescado de soja con salsa de ostras *208*
lubina al vapor *210*
Pescado guisado con champiñones *211*
pescado agridulce *213*
Pescado relleno de cerdo *215*
Carpa al vapor, picante *217*

Camarones con salsa de lichi

Para 4 personas

50 g / 2 oz / ¬Ω la taza (universal)

Harina

2,5 ml/¬Ω cucharadita de sal

1 huevo, ligeramente batido

30 ml/2 cucharadas de agua

450 g de gambas peladas

freír en aceite

30 ml/2 cucharadas de aceite de maní (maní).

2 rodajas de jengibre, picado

30ml/2 cucharadas de vinagre

5ml/1 cucharadita de azúcar

2,5 ml/¬Ω cucharadita de sal

15 ml/1 cucharada de salsa de soja

200 g de lichi en un frasco, enjuagado

Mezclar la harina, la sal, los huevos y el agua hasta obtener una masa, añadiendo un poco más de agua si es necesario. Mezcle los camarones hasta que estén bien cubiertos. Calentar el aceite y sofreír las gambas unos minutos hasta que estén doradas y crujientes. Escurrir sobre papel absorbente y colocar en un recipiente tibio. Mientras tanto, calentar el aceite y sofreír el jengibre durante 1 minuto. Agrega vinagre, azúcar, sal y salsa de soja. Agrega el lichi y revuelve hasta que esté caliente y cubierto con salsa. Vierte sobre las gambas y sirve inmediatamente.

Gambas fritas con mandarina

Para 4 personas

60 ml/4 cucharadas de aceite de maní (maní).
1 diente de ajo, machacado
1 rodaja de jengibre, finamente picado
450 g de gambas peladas
30 ml / 2 cucharadas de vino de arroz o jerez seco 30 ml / 2 cucharadas de salsa de soja
15 ml / 1 cucharada de harina de maíz (almidón de maíz)
45 ml/3 cucharadas de agua

Calentar el aceite de oliva y sofreír el ajo y el jengibre hasta que estén dorados. Agrega los camarones y cocina por 1 minuto. Agregue vino o jerez y mezcle bien. Agrega la salsa de soja, la maicena y el agua y sofríe durante 2 minutos.

Camarones con salsa picada

Para 4 personas

5 champiñones chinos secos
225 g de brotes de soja
60 ml/4 cucharadas de aceite de maní (maní).
5 ml/1 cucharadita de sal
2 ramas de apio, picadas
4 chalotas (cebollas), picadas
2 dientes de ajo, picados
2 rodajas de jengibre, picado
60 ml/4 cucharadas de agua
15 ml/1 cucharada de salsa de soja
15 ml/1 cucharada de vino de arroz o jerez seco
225 g / 8 oz de guisantes tirabeques (chícharos)
225 g de gambas peladas
15 ml / 1 cucharada de harina de maíz (almidón de maíz)

Remojar los champiñones en agua tibia durante 30 minutos y luego escurrirlos. Retire los tallos y corte la parte superior. Cuece los brotes de soja en agua hirviendo durante 5 minutos y escúrrelos bien. Calentar la mitad del aceite y sofreír la sal, el apio, las cebolletas y los brotes de soja durante 1 minuto, luego retirarlos de la sartén. Calentar el aceite restante y sofreír el ajo y el jengibre hasta que estén dorados. Agregue la mitad del agua, la salsa de soja, el vino o jerez, los guisantes y las gambas, lleve a ebullición y cocine a fuego lento durante 3 minutos. Mezcle la maicena y el agua restante hasta formar una pasta, agregue a la sartén y cocine, revolviendo, hasta que la salsa espese. Regrese las verduras a la sartén y fría hasta que estén calientes. Servir inmediatamente.

Camarones con champiñones chinos

Para 4 personas
8 champiñones chinos secos
45 ml/3 cucharadas de aceite de maní (maní).
3 rodajas de jengibre, picado
450 g de gambas peladas
15 ml/1 cucharada de salsa de soja
5 ml/1 cucharadita de sal
60 ml/4 cucharadas de caldo de pescado

Remojar los champiñones en agua tibia durante 30 minutos y luego escurrirlos. Retire los tallos y corte la parte superior. Calentar la mitad del aceite de oliva y sofreír el jengibre hasta que esté dorado. Agrega las gambas, la salsa de soja y la sal y sofríe hasta que estén cubiertas de aceite, luego retira de la sartén. Calentar el aceite restante y freír los champiñones hasta que estén cubiertos de aceite. Agrega el caldo, lleva a ebullición, tapa y cocina a fuego lento durante 3 minutos. Regrese los camarones a la sartén y revuelva hasta que estén completamente calientes.

Gambas y guisantes fritos

Para 4 personas

450 g de gambas peladas
5 ml/1 cucharadita de aceite de sésamo
5 ml/1 cucharadita de sal
30 ml/2 cucharadas de aceite de maní (maní).
1 diente de ajo, machacado
1 rodaja de jengibre, finamente picado
225 g de guisantes congelados o escaldados, descongelados

4 chalotas (cebollas), picadas
30 ml/2 cucharadas de agua
sal y pimienta

Mezcle los camarones con aceite de sésamo y sal. Calentar el aceite y sofreír el ajo y el jengibre durante 1 minuto. Agrega los camarones y cocina por 2 minutos. Agrega los guisantes y sofríe durante 1 minuto. Añade las cebolletas y el agua, sazona con sal, pimienta y un chorrito de aceite de sésamo. Vuelva a calentar, revolviendo suavemente, antes de servir.

Camarones con chutney de mango

Para 4 personas

12 camarones
sal y pimienta
jugo de 1 limón
30 ml / 2 cucharadas de harina de maíz (almidón de maíz)
1 mango
5 ml/1 cucharadita de mostaza en polvo
5 ml/1 cucharadita de miel
30 ml/2 cucharadas de crema de coco

30 ml/2 cucharadas de curry suave
120 ml / 4 oz / ¬Ω taza de caldo de pollo
45 ml/3 cucharadas de aceite de maní (maní).
2 dientes de ajo, picados
2 cebolletas (cebolletas), picadas
1 hinojo, picado
100 g de chutney de mango

Pelar las gambas dejando las colas intactas. Espolvorea con sal, pimienta y jugo de limón, luego agrega la mitad de la maicena. Pelar el mango, cortar la pulpa del hueso y luego cortar la pulpa en cubos. Agregue la mostaza, la miel, la crema de coco, el curry en polvo, el resto de la maicena y el caldo. Calentar la mitad del aceite de oliva y sofreír los ajos, la cebolleta y el hinojo durante 2 minutos. Agrega el caldo, lleva a ebullición y cocina por 1 minuto. Agrega los cubos de mango y la salsa picante, calienta a fuego lento y luego transfiérelo a un plato caliente. Calentar el aceite restante y sofreír las gambas durante 2 minutos. Colocar sobre las verduras y servir inmediatamente.

Bolitas de camarones fritos con salsa de cebolla

Para 4 personas

3 huevos, ligeramente batidos

45 ml/3 cucharadas de harina (sí).

sal y pimienta recién molida

450 g de gambas peladas

freír en aceite

15 ml/1 cucharada de aceite de maní (nuez).

2 cebollas picadas

15 ml / 1 cucharada de harina de maíz (almidón de maíz)

30 ml/2 cucharadas de salsa de soja

175 ml / 6 oz / ć vaso de agua

Mezclar los huevos, la harina, la sal y la pimienta. Sumerge las gambas en la masa. Calentar el aceite y sofreír las gambas hasta que estén doradas. Mientras tanto, calentar el aceite y sofreír la cebolla durante 1 minuto. Mezclar el resto de los ingredientes hasta obtener una pasta, agregar la cebolla y sofreír, revolviendo constantemente, hasta que la salsa espese. Escurre las gambas y colócalas en un bol caliente. Vierta la salsa y sirva inmediatamente.

Gambas mandarinas con guisantes

Para 4 personas

60 ml/4 cucharadas de aceite de maní (maní).

1 diente de ajo, picado

1 rodaja de jengibre, finamente picado

450 g de gambas peladas

30 ml/2 cucharadas de vino de arroz o jerez seco

225 g de guisantes congelados, descongelados

30 ml/2 cucharadas de salsa de soja

15 ml / 1 cucharada de harina de maíz (almidón de maíz)

45 ml/3 cucharadas de agua

Calentar el aceite de oliva y sofreír el ajo y el jengibre hasta que estén dorados. Agrega los camarones y cocina por 1 minuto. Agregue vino o jerez y mezcle bien. Agrega los guisantes y sofríe durante 5 minutos. Agrega el resto de los ingredientes y sofríe durante 2 minutos.

langostinos pekineses

Para 4 personas

30 ml/2 cucharadas de aceite de maní (maní).

2 dientes de ajo, picados

1 rodaja de jengibre, finamente picado

225 g de gambas peladas

4 chalotas, cortadas en rodajas gruesas

120 ml / 4 oz / ¬Ω taza de caldo de pollo

5 ml/1 cucharadita de azúcar moreno

5 ml/1 cucharadita de salsa de soja

5 ml/1 cucharadita de salsa hoisin

5 ml/1 cucharadita de salsa Tabasco

Calentar el aceite de oliva con el ajo y el jengibre y sofreír hasta que el ajo esté ligeramente dorado. Agrega los camarones y cocina por 1 minuto. Agrega las cebolletas y sofríe por 1 minuto. Agrega el resto de los ingredientes, lleva a ebullición, tapa y cocina durante 4 minutos, revolviendo ocasionalmente. Revisa la sazón y agrega un poco más de Tabasco si lo prefieres.

Camarones con pimientos

Para 4 personas

30 ml/2 cucharadas de aceite de maní (maní).
1 pimiento verde, cortado en trozos
450 g de gambas peladas
10 ml / 2 cucharaditas de harina de maíz (almidón de maíz)
60 ml/4 cucharadas de agua
5 ml/1 cucharadita de vino de arroz o jerez seco
2,5 ml/¬Ω cucharadita de sal
45 ml / 2 cucharadas de puré de tomate (concentrado)

Calentar el aceite y sofreír los pimientos durante 2 minutos. Añade las gambas y el puré de tomate y mezcla bien. Mezcle el agua de maicena, el vino o jerez y la sal hasta formar una pasta, agregue a la sartén y cocine, revolviendo, hasta que la salsa esté ligera y espesa.

Camarones fritos con cerdo

Para 4 personas

225 g de gambas peladas

100 g de carne magra de cerdo picada
60 ml/4 cucharadas de vino de arroz o jerez seco
1 clara de huevo
45 ml / 3 cucharadas de harina de maíz (almidón de maíz)
5 ml/1 cucharadita de sal
15 ml / 1 cucharada de agua (opcional)
90 ml / 6 cucharadas de aceite de maní (nuez).
45 ml/3 cucharadas de caldo de pescado
5 ml/1 cucharadita de aceite de sésamo

Coloque los camarones y el cerdo en tazones separados. Mezclar 45ml/3 cucharadas de vino o jerez, clara de huevo, 30ml/2 cucharadas de maicena y sal hasta obtener una mezcla homogénea, añadiendo agua si es necesario. Divida la mezcla entre el cerdo y los camarones y mezcle bien hasta que quede suave. Calentar el aceite y sofreír el cerdo y los camarones durante unos minutos hasta que estén dorados. Retirar de la sartén y verter todo menos 15 ml/1 cucharada de aceite. Agrega el caldo a la sartén con el vino o jerez restante y la maicena. Llevar a ebullición y cocinar, revolviendo constantemente, hasta que la salsa espese. Vierta sobre los camarones y el cerdo y sirva rociados con aceite de sésamo.

Gambas fritas con salsa de jerez

Para 4 personas

50 g / 2 oz / ¬Ω taza de harina para todo uso.

2,5 ml/¬Ω cucharadita de sal

1 huevo, ligeramente batido

30 ml/2 cucharadas de agua

450 g de gambas peladas

freír en aceite

15 ml/1 cucharada de aceite de maní (nuez).

1 cebolla, finamente picada

45 ml/3 cucharadas de vino de arroz o jerez seco

15 ml/1 cucharada de salsa de soja

120 ml / 4 oz / ¬Ω taza de caldo de pescado

10 ml / 2 cucharaditas de harina de maíz (almidón de maíz)

30 ml/2 cucharadas de agua

Mezclar la harina, la sal, los huevos y el agua hasta obtener una masa, añadiendo un poco más de agua si es necesario. Mezcle los camarones hasta que estén bien cubiertos. Calentar el aceite y sofreír las gambas unos minutos hasta que estén doradas y crujientes. Escurrir sobre papel absorbente y colocar en un recipiente tibio. Mientras tanto, calentar el aceite y sofreír la cebolla hasta que esté blanda. Agrega el vino o jerez, la salsa de soja y el caldo, lleva a ebullición y cocina durante 4 minutos. Agrega la maicena y el agua hasta formar una pasta, agrega a la sartén y fríe hasta que la salsa esté ligera y espesa. Vierte la salsa sobre las gambas y sirve.

camarones fritos con sésamo

Para 4 personas

450 g de gambas peladas
¬Ω clara de huevo
5 ml/1 cucharadita de salsa de soja
5 ml/1 cucharadita de aceite de sésamo
50 g / 2 oz / ¬Ω taza de harina de maíz (almidón de maíz)
sal y pimienta blanca recién molida
freír en aceite
60 ml/4 cucharadas de semillas de sésamo
Hojas de lechuga

Mezclar los camarones con las claras, la salsa de soya, el aceite de sésamo, la maicena, la sal y la pimienta. Si la mezcla queda demasiado espesa, agrega un poco de agua. Calentar el aceite y sofreír las gambas unos minutos hasta que tomen un ligero color. Mientras tanto, tuesta las semillas de sésamo en una sartén seca hasta que estén doradas. Escurrir las gambas y mezclarlas con las semillas de sésamo. Servir sobre una ensalada.

Gambas fritas con cáscara

Para 4 personas

60 ml/4 cucharadas de aceite de maní (maní).
750 g de camarones pelados de 1 Ω libra
3 chalotas (cebollas), picadas
3 rodajas de jengibre, picado
2,5 ml/¬Ω cucharadita de sal
15 ml/1 cucharada de vino de arroz o jerez seco
Taza de Ketchup 120ml / 4oz / ¬Ω (Ketchup)
15 ml/1 cucharada de salsa de soja
15 ml/1 cucharada de azúcar
15 ml / 1 cucharada de harina de maíz (almidón de maíz)
60 ml/4 cucharadas de agua

Calentar el aceite y freír los langostinos durante 1 minuto si están cocidos, o hasta que estén rosados si están crudos. Agrega el cebollino, el jengibre, la sal y el vino o jerez y sofríe durante 1 minuto. Agrega el ketchup, la soja y el azúcar y sofríe durante 1 minuto. Mezclar la maicena con el agua, verterla en la sartén y sofreír, revolviendo constantemente, hasta que la salsa se aclare y espese.

Camarón frito

Para 4 personas

75 g / 3 oz / centeno ¬ taza de harina de maíz (almidón de maíz)

1 clara de huevo

5 ml/1 cucharadita de vino de arroz o jerez seco

sal

350 g de gambas peladas

freír en aceite

Mezclar con maicena, clara de huevo, vino o jerez y una pizca de sal hasta que se forme una pasta espesa. Sumerge los camarones en la masa hasta que estén bien cubiertos. Calentar el aceite hasta que esté caliente y sofreír las gambas unos minutos hasta que estén doradas. Retirar del aceite, calentar hasta que los langostinos estén calientes y luego freírlos nuevamente hasta que estén crujientes y dorados.

camarones en tempura

Para 4 personas

450 g de gambas peladas
30 ml/2 cucharadas de harina (sí).
30 ml / 2 cucharadas de harina de maíz (almidón de maíz)
30 ml/2 cucharadas de agua
2 huevos batidos
freír en aceite

Corta los langostinos por la mitad a lo largo de la curva interior y extiéndelos para formar una mariposa. Mezcla la harina, la maicena y el agua hasta que se forme una masa, luego agrega el huevo. Calentar el aceite y sofreír las gambas hasta que estén doradas.

debajo del neumático

Para 4 personas

30 ml/2 cucharadas de aceite de maní (maní).

2 cebolletas (cebolletas), picadas
1 diente de ajo, machacado
1 rodaja de jengibre, finamente picado
100 g de pechuga de pollo cortada en tiras
100 g de jamón cortado en tiras
100 g de brotes de bambú cortados en tiras
100 g de castañas de agua cortadas en tiras
225 g de gambas peladas
30 ml/2 cucharadas de salsa de soja
30 ml/2 cucharadas de vino de arroz o jerez seco
5 ml/1 cucharadita de sal
5ml/1 cucharadita de azúcar
5 ml / 1 cucharadita de harina de maíz (almidón de maíz)

Calentar el aceite de oliva y sofreír la cebolla, el ajo y el jengibre hasta que estén dorados. Agrega el pollo y sofríe por 1 minuto. Añade el jamón, los brotes de bambú y las castañas de agua y sofríe durante 3 minutos. Agrega los camarones y cocina por 1 minuto. Agrega la salsa de soja, el vino o jerez, la sal y el azúcar y cocina por 2 minutos. Mezclar la harina de maíz con un poco de agua, verterla en la sartén y sofreír a fuego lento, revolviendo constantemente, durante 2 minutos.

Camarones Con Tofu

Para 4 personas

45 ml/3 cucharadas de aceite de maní (maní).

225 g de tofu, cortado en cubos

1 cebolla tierna (cebolleta), picada

1 diente de ajo, machacado

15 ml/1 cucharada de salsa de soja

5ml/1 cucharadita de azúcar

90 ml/6 cucharadas de caldo de pescado

225 g de gambas peladas

15 ml / 1 cucharada de harina de maíz (almidón de maíz)

45 ml/3 cucharadas de agua

Calienta la mitad del aceite y fríe el tofu hasta que esté ligeramente dorado, luego retíralo de la sartén. Calentar el aceite de oliva restante y sofreír la cebolla y el ajo hasta que estén dorados. Agrega la soja, el azúcar y el caldo y lleva a ebullición. Añade las gambas y sofríe durante 3 minutos a fuego lento. Mezclar la maicena y el agua hasta formar una pasta, agregarla a la sartén y freír, revolviendo constantemente, hasta que la salsa espese. Regrese el tofu a la sartén y cocine hasta que esté caliente.

Camarones con tomates cherry

Para 4 personas

2 claras de huevo
30 ml / 2 cucharadas de harina de maíz (almidón de maíz)
5 ml/1 cucharadita de sal
450 g de gambas peladas
freír en aceite
30 ml/2 cucharadas de vino de arroz o jerez seco
225 g de tomates pelados, sin semillas y cortados en trozos pequeños

Mezclar las claras, la maicena y la sal. Agregue los camarones hasta que estén bien cubiertos. Calentar el aceite y sofreír las gambas hasta que estén cocidas. Vierta todo menos 15 ml/1 cucharada de aceite y caliéntelo. Agregue vino o jerez y tomates y deje hervir. Agrega las gambas y recalienta rápidamente antes de servir.

Camarones con salsa de tomate

Para 4 personas

30 ml/2 cucharadas de aceite de maní (maní).

1 diente de ajo, machacado

2 rodajas de jengibre, picado

2,5 ml/¬Ω cucharadita de sal

15 ml/1 cucharada de vino de arroz o jerez seco

15 ml/1 cucharada de salsa de soja

6 ml/4 cucharadas de ketchup (ketchup)

120 ml / 4 oz / ¬Ω taza de caldo de pescado

350 g de gambas peladas

10 ml / 2 cucharaditas de harina de maíz (almidón de maíz)

30 ml/2 cucharadas de agua

Calentar el aceite y sofreír el ajo, el jengibre y la sal durante 2 minutos. Agrega el vino o jerez, la salsa de soja, el ketchup y el caldo y deja hervir. Agrega los langostinos, tapa y cocina por 2 minutos. Trabaja la maicena y el agua hasta obtener una pasta, viértela en una sartén y cocina a fuego lento, revolviendo constantemente, hasta que la salsa se aclare y espese.

Camarones con salsa de tomate y chile

Para 4 personas

60 ml/4 cucharadas de aceite de maní (maní).
15 ml/1 cucharada de jengibre molido
15 ml/1 cucharada de ajo finamente picado
15 ml/1 cucharada de cebollino picado
60 ml / 4 cucharadas de puré de tomate (concentrado)
15 ml/1 cucharada de salsa picante
450 g de gambas peladas
15 ml / 1 cucharada de harina de maíz (almidón de maíz)
15 ml/1 cucharada de agua

Calentar el aceite y sofreír el jengibre, el ajo y la cebolleta durante 1 minuto. Agrega el puré de tomate y la salsa picante, mezcla bien. Agrega los camarones y cocina por 2 minutos. Mezcle la maicena y el agua hasta que quede suave, agregue a la sartén y cocine hasta que la salsa espese. Servir inmediatamente.

Gambas fritas con salsa de tomate

Para 4 personas

50 g / 2 oz / ¬Ω taza de harina para todo uso.

2,5 ml/½ cucharadita de sal

1 huevo, ligeramente batido

30 ml/2 cucharadas de agua

450 g de gambas peladas

freír en aceite

30 ml/2 cucharadas de aceite de maní (maní).

1 cebolla, finamente picada

2 rodajas de jengibre, picado

75 ml / 5 cucharadas de ketchup (ketchup)

10 ml / 2 cucharaditas de harina de maíz (almidón de maíz)

30 ml/2 cucharadas de agua

Mezclar la harina, la sal, los huevos y el agua hasta obtener una masa, añadiendo un poco más de agua si es necesario. Mezcle los camarones hasta que estén bien cubiertos. Calentar el aceite y sofreír las gambas unos minutos hasta que estén doradas y crujientes. Secar sobre papel absorbente.

Mientras tanto, calentar el aceite y sofreír la cebolla y el jengibre hasta que estén tiernos. Agrega el ketchup y cocina por 3 minutos. Mezclar la maicena y el agua hasta formar una pasta, agregarla a la sartén y freír, revolviendo constantemente, hasta que la salsa espese. Agrega los camarones a la sartén y fríe hasta que estén dorados. Servir inmediatamente.

Camarones con verduras

Para 4 personas

15 ml/1 cucharada de aceite de maní (nuez).
225 g de floretes de brócoli
225 gramos de champiñones
225 g de brotes de bambú, cortados en rodajas
450 g de gambas peladas
120 ml / 4 oz / ¬Ω taza de caldo de pollo
5 ml / 1 cucharadita de harina de maíz (almidón de maíz)
5 ml/1 cucharadita de salsa de ostras
2,5 ml/¬Ω cucharadita de azúcar
2,5 ml/¬Ω cucharadita de raíz de jengibre rallada
una pizca de pimienta recién molida

Calentar el aceite y sofreír el brócoli durante 1 minuto. Añade las setas y los brotes de bambú y sofríe durante 2 minutos. Agrega los camarones y cocina por 2 minutos. Mezcla los ingredientes restantes y agrégalos a la mezcla de camarones. Llevar a ebullición, revolviendo constantemente, luego cocinar por 1 minuto.

Gambas con castañas de agua

Para 4 personas

60 ml/4 cucharadas de aceite de maní (maní).
1 diente de ajo, picado
1 rodaja de jengibre, finamente picado
450 g de gambas peladas
30 ml / 2 cucharadas de vino de arroz o jerez seco 225 g / 8 oz de castañas de agua, en rodajas
30 ml/2 cucharadas de salsa de soja
15 ml / 1 cucharada de harina de maíz (almidón de maíz)
45 ml/3 cucharadas de agua

Calentar el aceite de oliva y sofreír el ajo y el jengibre hasta que estén dorados. Agrega los camarones y cocina por 1 minuto. Agregue vino o jerez y mezcle bien. Añade las castañas de agua y sofríe durante 5 minutos. Agrega el resto de los ingredientes y sofríe durante 2 minutos.

wonton de camarones

Para 4 personas

450 g de gambas peladas y picadas
225 g de verduras mixtas picadas
15 ml/1 cucharada de salsa de soja
2,5 ml/¬Ω cucharadita de sal
unas gotas de aceite de sésamo
40 pieles de wonton
freír en aceite

Mezcla los camarones, las verduras, la salsa de soja, la sal y el aceite de sésamo.

Para armar los wontons, sostenga la piel con la mano izquierda y vierta un poco del relleno en el centro. Cepille los bordes con huevo y doble la cáscara formando un triángulo, pegando los bordes. Moja las esquinas con el huevo y enrollalas.

Calentar aceite y freír varios wontons hasta que estén dorados. Escurrir bien antes de servir.

Mejillones Con Pollo

Para 4 personas

400 g de mejillones en lata
30 ml/2 cucharadas de aceite de maní (maní).
100 g de pechuga de pollo cortada en cubos
100 g de brotes de bambú, cortados en rodajas
250 ml/8 onzas/1 taza de caldo de pescado
15 ml/1 cucharada de vino de arroz o jerez seco
5ml/1 cucharadita de azúcar
2,5 ml/¬Ω cucharadita de sal
15 ml / 1 cucharada de harina de maíz (almidón de maíz)
45 ml/3 cucharadas de agua

Escurrir y picar las almejas reservando el jugo. Calentar el aceite y freír el pollo hasta que esté ligeramente dorado. Añade las almejas y los brotes de bambú y sofríe durante 1 minuto. Añade el líquido de las almejas, el caldo, el vino o jerez, el azúcar y la sal, lleva a ebullición y cocina durante 2 minutos. Mezcle la maicena y el agua hasta formar una pasta y cocine a fuego lento, revolviendo constantemente, hasta que la salsa se aclare y espese. Servir inmediatamente.

Abulón con espárragos

Para 4 personas

10 champiñones chinos secos
30 ml/2 cucharadas de aceite de maní (maní).
15 ml/1 cucharada de agua
225 g de espárragos
2,5 ml/¬Ω cucharadita de salsa de pescado
15 ml / 1 cucharada de harina de maíz (almidón de maíz)
225 g de abulón enlatado, en rodajas
60 ml/4 cucharadas de caldo
¡Ω zanahoria pequeña, en rodajas
5 ml/1 cucharadita de salsa de soja
5 ml/1 cucharadita de salsa de ostras

5 ml/1 cucharadita de vino de arroz o jerez seco

Remojar los champiñones en agua tibia durante 30 minutos y luego escurrirlos. Deseche los tallos. Calentar 15ml/1 cucharada de aceite con agua y sofreír las cápsulas de champiñones durante 10 minutos. Mientras tanto, cocine los espárragos en agua hirviendo con la salsa de pescado y 1 cucharadita/5 ml de maicena hasta que estén tiernos. Escurrirlas bien y colocarlas en un bol caliente junto con los champiñones. Mantenlos calientes. Calentar el aceite restante y sofreír las almejas unos segundos, luego añadir el caldo, las zanahorias, la salsa de soja, la salsa de ostras, el vino o jerez y el resto de la maicena. Cocine durante unos 5 minutos hasta que esté bien cocido, luego agregue los espárragos y sirva.

Abulón con champiñones

Para 4 personas

6 champiñones chinos secos

400 g de mejillones en lata

45 ml/3 cucharadas de aceite de maní (maní).

2,5 ml/¬Ω cucharadita de sal

15 ml/1 cucharada de vino de arroz o jerez seco

3 chalotas (cebollas), cortadas en rodajas gruesas

Remojar los champiñones en agua tibia durante 30 minutos y luego escurrirlos. Retire los tallos y corte la parte superior. Escurrir y picar las almejas reservando el jugo. Calentar el aceite y sofreír la sal y los champiñones durante 2 minutos. Agrega el líquido de las almejas y el jerez, lleva a ebullición, tapa y cocina por 3 minutos. Añade los mejillones y las cebolletas y sofríe hasta que estén dorados. Servir inmediatamente.

Abulón con salsa de ostras

Para 4 personas

400 g de mejillones en lata

15 ml / 1 cucharada de harina de maíz (almidón de maíz)

15 ml/1 cucharada de salsa de soja

45 ml/3 cucharadas de salsa de ostras

30 ml/2 cucharadas de aceite de maní (maní).

50 g de jamón ahumado en lonchas

Vaciar el molde de almejas y reservar 90ml/6 cucharadas de líquido. Mezclar con maicena, salsa de soja y salsa de ostras. Calentar el aceite y sofreír los mejillones escurridos durante 1 minuto. Agregue la mezcla de salsa y cocine, revolviendo, hasta que esté caliente, aproximadamente 1 minuto. Vierte en un bol caliente y sirve decorado con jamón.

mejillones al vapor

Para 4 personas

24 mejillones

Limpiar los mejillones con cuidado y dejarlos en remojo en agua con sal durante varias horas. Enjuágalas con agua corriente y colócalas en una bandeja honda. Colocar sobre una rejilla para vapor, tapar y cocinar en agua hirviendo durante unos 10 minutos, hasta que se hayan abierto todos los mejillones. Deseche todo lo que quede sin abrir. Servir con salsas.

Mejillones con brotes de soja

Para 4 personas

24 mejillones

15 ml/1 cucharada de aceite de maní (nuez).

150 g de brotes de soja

1 pimiento verde, cortado en tiras

2 cebolletas (cebolletas), picadas

15 ml/1 cucharada de vino de arroz o jerez seco

sal y pimienta recién molida

2,5 ml/¬Ω cucharadita de aceite de sésamo

50 g de jamón ahumado en lonchas

Limpiar los mejillones con cuidado y dejarlos en remojo en agua con sal durante varias horas. Enjuague con agua corriente. Hervir el agua en una cacerola, añadir los mejillones y cocinar unos minutos hasta que se abran. Vaciar y tirar todo lo que quede cerrado. Retire las almejas de la concha.

Calentar el aceite y sofreír los brotes de soja durante 1 minuto. Añade los pimientos y la cebolleta y sofríe durante 2 minutos. Agrega vino o jerez y sazona con sal y pimienta. Caliente bien, luego agregue los mejillones y revuelva hasta que estén bien combinados y calientes. Transfiera a un plato caliente y sirva rociado con aceite de sésamo y jamón.

Mejillones con jengibre y ajo

Para 4 personas

24 mejillones

15 ml/1 cucharada de aceite de maní (nuez).

2 rodajas de jengibre, picado

2 dientes de ajo, picados

15 ml/1 cucharada de agua

5 ml/1 cucharadita de aceite de sésamo

sal y pimienta recién molida

Limpiar los mejillones con cuidado y dejarlos en remojo en agua con sal durante varias horas. Enjuague con agua corriente. Calentar el aceite y sofreír el jengibre y el ajo durante 30 segundos. Añade los mejillones, el agua y el aceite de sésamo, tapa y cocina unos 5 minutos hasta que los mejillones se hayan abierto. Deseche todo lo que quede sin abrir. Sazone ligeramente con sal y pimienta y sirva inmediatamente.

mejillones al vapor

Para 4 personas

24 mejillones
60 ml/4 cucharadas de aceite de maní (maní).
4 dientes de ajo, picados
1 cebolla picada
2,5 ml/¬Ω cucharadita de sal

Limpiar los mejillones con cuidado y dejarlos en remojo en agua con sal durante varias horas. Enjuague con agua corriente y luego seque. Calentar el aceite de oliva y sofreír el ajo, la cebolla y la sal hasta que estén tiernos. Añade los mejillones, tapa y cocina durante unos 5 minutos, hasta que se hayan abierto todos los mejillones. Deseche todo lo que quede sin abrir. Freír suavemente durante 1 minuto más, untar con aceite.

pastel de cangrejo

Para 4 personas

225 g de brotes de soja

60 ml/4 cucharadas de aceite de cacahuete 100 g de brotes de bambú cortados en tiras

1 cebolla picada

225 g de hojuelas de carne de cangrejo

4 huevos, ligeramente batidos

15 ml / 1 cucharada de harina de maíz (almidón de maíz)

30 ml/2 cucharadas de salsa de soja

sal y pimienta recién molida

Cocer los brotes de soja en agua hirviendo durante 4 minutos, escurrir. Calentar la mitad del aceite y sofreír los brotes de soja, los brotes de bambú y la cebolla hasta que estén tiernos. Retirar del fuego y agregar todos los ingredientes restantes excepto el aceite. Calienta el aceite restante en una sartén limpia y coloca la mezcla de carne de cangrejo en hamburguesas pequeñas. Freír por ambos lados hasta que estén dorados y servir inmediatamente.

crema de cangrejo

Para 4 personas

225 g de carne de cangrejo

5 huevos batidos

1 cebolleta (cebolleta), finamente picada

250 ml/8 onzas/1 taza de agua

5 ml/1 cucharadita de sal

5 ml/1 cucharadita de aceite de sésamo

Mezcla todos los ingredientes bien. Colocar en un bol, tapar y colocar a baño maría sobre agua caliente o sobre una rejilla para vapor. Cocine al vapor durante unos 35 minutos hasta que esté cremoso, revolviendo ocasionalmente. Servir con arroz.

Carne de cangrejo chino con hojas.

Para 4 personas

450 g/1 libra de hojas chinas, picadas
45 ml/3 cucharadas de aceite vegetal
2 cebolletas (cebolletas), picadas
225 g de carne de cangrejo
15 ml/1 cucharada de salsa de soja
15 ml/1 cucharada de vino de arroz o jerez seco
5 ml/1 cucharadita de sal

Cuece las hojas chinas en agua hirviendo durante 2 minutos, escurre bien y enjuaga con agua fría. Calentar el aceite y sofreír la cebolla hasta que esté dorada. Agrega la carne de cangrejo y cocina por 2 minutos. Agrega las hojas de porcelana y sofríe por 4 minutos. Añade la salsa de soja, el vino o jerez y la sal y mezcla bien. Agrega el caldo y la maicena, lleva a ebullición y cocina, revolviendo, durante 2 minutos, hasta que la salsa se aclare y espese.

Cangrejo Foo Yung con brotes de soja

Para 4 personas

6 huevos batidos

45 ml / 3 cucharadas de harina de maíz (almidón de maíz)

225 g de carne de cangrejo

100 g de brotes de soja

2 cebolletas (cebolletas), finamente picadas

2,5 ml/¬Ω cucharadita de sal

45 ml/3 cucharadas de aceite de maní (maní).

Batir los huevos y luego agregar la maicena. Mezcle todos los ingredientes restantes excepto el aceite. Calentar el aceite y verter la mezcla en la sartén poco a poco formando tortas de unos 7,5 cm de diámetro. Freír hasta que estén doradas por el fondo, luego darles la vuelta y freír por el otro lado.

cangrejo de jengibre

Para 4 personas

15 ml/1 cucharada de aceite de maní (nuez).

2 rodajas de jengibre, picado

4 chalotas (cebollas), picadas

3 dientes de ajo, picados

1 chile rojo, picado

350 g de hojuelas de carne de cangrejo

2,5 ml/½ cucharadita de pasta de pescado

2,5 ml/½ cucharadita de aceite de sésamo

15 ml/1 cucharada de vino de arroz o jerez seco

5 ml / 1 cucharadita de harina de maíz (almidón de maíz)

15 ml/1 cucharada de agua

Calentar el aceite y sofreír el jengibre, la cebolleta, el ajo y la guindilla durante 2 minutos. Agregue la carne de cangrejo y revuelva hasta que esté cubierta con las especias. Agrega la pasta de pescado. Mezcla los ingredientes restantes hasta formar una pasta, luego viértelos en la sartén y fríelos por 1 minuto. Servir inmediatamente.

Cangrejo Lo Mein

Para 4 personas

100 g de brotes de soja
30 ml/2 cucharadas de aceite de maní (maní).
5 ml/1 cucharadita de sal
1 cebolla, picada
100 g de champiñones cortados en rodajas
225 g de hojuelas de carne de cangrejo
100 g de brotes de bambú, cortados en rodajas
fideos levantados
30 ml/2 cucharadas de salsa de soja
5ml/1 cucharadita de azúcar
5 ml/1 cucharadita de aceite de sésamo
sal y pimienta recién molida

Blanquear los brotes de soja en agua hirviendo durante 5 minutos y escurrir. Calentar el aceite y sofreír la sal y la cebolla hasta que estén blandas. Agrega los champiñones y sofríe hasta que estén tiernos. Agrega la carne de cangrejo y cocina por 2 minutos. Agrega los brotes de soja y los brotes de bambú y cocina por 1 minuto. Agrega la pasta escurrida a la sartén y mezcla suavemente. Mezclar soja, azúcar y aceite de sésamo, sazonar con sal y pimienta. Revuelve la sartén hasta que esté caliente.

Cangrejo frito con cerdo

Para 4 personas

30 ml/2 cucharadas de aceite de maní (maní).
100 g de carne de cerdo picada (picada).
350 g de hojuelas de carne de cangrejo
2 rodajas de jengibre, picado
2 huevos, ligeramente batidos
15 ml/1 cucharada de salsa de soja
15 ml/1 cucharada de vino de arroz o jerez seco
30 ml/2 cucharadas de agua
sal y pimienta recién molida
4 cebollas (chalotes), cortadas en tiras

Calentar el aceite y freír el cerdo hasta que se dore. Agrega la carne de cangrejo y el jengibre y cocina por 1 minuto. Agrega los huevos. Agrega la salsa de soja, el vino o jerez, el agua, la sal y la pimienta y cocina durante unos 4 minutos, revolviendo constantemente. Servir decorado con cebollino.

carne de cangrejo cocida

Para 4 personas

30 ml/2 cucharadas de aceite de maní (maní).
450 g de hojuelas de carne de cangrejo
2 cebolletas (cebolletas), picadas
2 rodajas de jengibre, picado
30 ml/2 cucharadas de salsa de soja
30 ml/2 cucharadas de vino de arroz o jerez seco
2,5 ml/¬Ω cucharadita de sal
15 ml / 1 cucharada de harina de maíz (almidón de maíz)
60 ml/4 cucharadas de agua

Calentar el aceite y sofreír la carne de cangrejo, el cebollino y el jengibre durante 1 minuto. Agrega la salsa de soja, el vino o jerez y la sal, tapa y cocina por 3 minutos. Agrega la maicena y el agua hasta formar una pasta, agrega a la sartén y fríe hasta que la salsa esté ligera y espesa.

Bolas de calamar fritas

Para 4 personas

450 g de calamares
50 g de manteca de cerdo picada
1 clara de huevo
2,5 ml/¬Ω cucharadita de azúcar
2,5 ml / ¬Ω cucharadita de maicena (almidón de maíz)
sal y pimienta recién molida
freír en aceite

Limpiar los calamares y trocearlos o reducirlos a pulpa. Mezclar con la manteca, las claras, el azúcar y la maicena, sazonar con sal y pimienta. Forme bolitas con la mezcla resultante. Calentar el aceite y sofreír las bolitas de cebolla, preferiblemente en tandas, hasta que floten en el aceite y se doren. Escurrir bien y servir inmediatamente.

langosta cantonesa

Para 4 personas

2 langostas

30 ml/2 cucharadas de aceite

15 ml/1 cucharada de salsa de frijoles negros

1 diente de ajo, machacado

1 cebolla picada

225 g de carne de cerdo molida (picada).

45 ml/3 cucharadas de salsa de soja

5ml/1 cucharadita de azúcar

sal y pimienta recién molida

15 ml / 1 cucharada de harina de maíz (almidón de maíz)

75 ml/5 cucharadas de agua

1 huevo batido

Triture las langostas, retire la carne y córtelas en cubos de 1 pulgada. Calentar el aceite de oliva y sofreír la salsa de frijoles negros, el ajo y la cebolla hasta que estén dorados. Agrega la carne de cerdo y sofríe hasta que esté dorada. Agrega la salsa de soja, el azúcar, la sal, la pimienta y la langosta, tapa y cocina a fuego lento durante unos 10 minutos. Mezclar la maicena y el agua hasta formar una pasta, agregarla a la sartén y freír, revolviendo constantemente, hasta que la salsa se aclare y espese. Antes de servir, apaga el fuego y añade el huevo.

langosta frita

Para 4 personas

450 g de carne de langosta
30 ml/2 cucharadas de salsa de soja
5ml/1 cucharadita de azúcar
1 huevo batido
30 ml/3 cucharadas de harina (sí).

freír en aceite

Corta la carne de langosta en cubos de 1 pulgada y sazona con salsa de soja y azúcar. Dejar actuar 15 minutos y filtrar. Mezcle los huevos y la harina, luego agregue la langosta y mezcle bien para cubrir. Calentar el aceite y sofreír el bogavante hasta que esté dorado. Escurrir sobre papel absorbente antes de servir.

Langosta al vapor con jamón

Para 4 personas

4 huevos, ligeramente batidos
60 ml/4 cucharadas de agua
5 ml/1 cucharadita de sal
15 ml/1 cucharada de salsa de soja
450 g de hojuelas de carne de langosta
15 ml/1 cucharada de jamón ahumado picado
15 ml/1 cucharada de perejil fresco picado

Batir los huevos con agua, sal y salsa de soja. Vierta en un bol antiadherente y espolvoree la carne de langosta por encima. Coloca el bol en la vaporera, tapa y cocina al vapor durante 20 minutos hasta que los huevos estén cuajados. Servir decorado con jamón y perejil.

Langosta con champiñones

Para 4 personas

450 g de carne de langosta

15 ml / 1 cucharada de harina de maíz (almidón de maíz)

60 ml/4 cucharadas de agua

30 ml/2 cucharadas de aceite de maní (maní).

4 chalotas, cortadas en rodajas gruesas

100 g de champiñones cortados en rodajas

2,5 ml/¬Ω cucharadita de sal

1 diente de ajo, machacado

30 ml/2 cucharadas de salsa de soja

15 ml/1 cucharada de vino de arroz o jerez seco

Cortar la carne de bogavante en dados de 2,5 cm. Mezcla la maicena y el agua hasta formar una pasta, luego agrega los cubos de langosta a la mezcla para cubrir. Calentar la mitad del aceite y sofreír los dados de langosta hasta que estén ligeramente dorados, luego retirar de la sartén. Calentar el aceite restante y sofreír la cebolla hasta que esté dorada. Agrega los champiñones y sofríe durante 3 minutos. Agrega sal, ajo, salsa de soja y vino o jerez y sofríe durante 2 minutos. Regrese la langosta a la sartén y cocine hasta que esté caliente.

Colas de langosta con cerdo

Para 4 personas

3 champiñones chinos secos
4 colas de langosta
60 ml/4 cucharadas de aceite de maní (maní).
100 g de carne de cerdo picada (picada).
50 g de castañas de agua, finamente picadas
sal y pimienta recién molida
2 dientes de ajo, picados
45 ml/3 cucharadas de salsa de soja
30 ml/2 cucharadas de vino de arroz o jerez seco
30 ml/2 cucharadas de salsa de frijoles negros
10 ml / 2 cucharadas de harina de maíz (almidón de maíz)
120 ml / 4 oz / ¬Ω taza de agua

Remojar los champiñones en agua tibia durante 30 minutos y luego escurrirlos. Quitar los tallos y picar las tapas. Corta las colas de langosta por la mitad a lo largo. Retire la carne de las colas de langosta, reservando las cáscaras. Calentar la mitad del aceite y sofreír el cerdo hasta que esté ligeramente dorado. Retirar del fuego y añadir las setas, la carne de bogavante, las castañas de agua, sal y pimienta. Envuelva la carne en el caparazón de langosta y colóquela en un plato. Colóquelo en una rejilla para vapor, cubra y cocine al vapor durante unos 20 minutos hasta que esté bien cocido. Mientras tanto, calienta el aceite restante y saltea el ajo, la salsa de soja, el vino/jerez y la salsa de frijoles negros durante 2 minutos. Mezcla la maicena y el agua hasta formar una pasta, agrégala a la sartén y cocina a fuego lento, revolviendo constantemente hasta que la salsa espese. Coloca la langosta en un plato caliente, vierte la salsa encima y sirve inmediatamente.

langosta al vapor

Para 4 personas

450 g/1 libra de colas de langosta

30 ml/2 cucharadas de aceite de maní (maní).

1 diente de ajo, machacado

2,5 ml/¬Ω cucharadita de sal

350 g de brotes de soja

50 gramos de champiñones

4 chalotas, cortadas en rodajas gruesas

150 ml / ¬° vie. / una taza sólida de caldo de pollo

15 ml / 1 cucharada de harina de maíz (almidón de maíz)

Pon a hervir agua en una olla, agrega las colas de langosta y cocina por 1 minuto. Escurrir, enfriar, quitar la piel y cortar en rodajas gruesas. Calentar el aceite de oliva con el ajo y la sal y sofreír hasta que el ajo esté ligeramente dorado. Añade el bogavante y sofríe durante 1 minuto. Agrega los brotes de soja y los champiñones y sofríe durante 1 minuto. Agrega las cebolletas. Vierta la mayor parte del caldo, lleve a ebullición, tape y cocine a fuego lento durante 3 minutos. Mezclar la maicena con el caldo restante, verter en la sartén y cocinar, revolviendo constantemente, hasta que la salsa se aclare y espese.

nido de langosta

Para 4 personas

30 ml/2 cucharadas de aceite de maní (maní).

5 ml/1 cucharadita de sal

1 cebolla, en rodajas finas

100 g de champiñones cortados en rodajas

100 g de brotes de bambú picados 225 g de carne de langosta cocida

15 ml/1 cucharada de vino de arroz o jerez seco

120 ml / 4 oz / ¬Ω taza de caldo de pollo

una pizca de pimienta recién molida

10 ml / 2 cucharaditas de harina de maíz (almidón de maíz)

15 ml/1 cucharada de agua

4 cestas de pasta

Calentar el aceite y sofreír la sal y la cebolla hasta que estén blandas. Añade las setas y los brotes de bambú y sofríe durante 2 minutos. Añade la carne de bogavante, el vino o jerez y el caldo, lleva a ebullición, tapa y cocina durante 2 minutos. Sazone con pimienta. Mezclar la maicena y el agua hasta formar una pasta, agregarla a la sartén y freír, revolviendo constantemente, hasta que la salsa espese. Disponer los nidos de pasta en un plato caliente y cubrirlos con la langosta frita.

Mejillones en salsa de judías negras

Para 4 personas

45 ml/3 cucharadas de aceite de maní (maní).
2 dientes de ajo, picados
2 rodajas de jengibre, picado
30 ml/2 cucharadas de salsa de frijoles negros
15 ml/1 cucharada de salsa de soja
1,5 kg de mejillones lavados y barbudos
2 cebolletas (cebolletas), picadas

Calentar el aceite y sofreír el ajo y el jengibre durante 30 segundos. Agrega la salsa de frijoles negros y la salsa de soja y sofríe durante 10 segundos. Agrega las almejas, tapa y cocina hasta que se abran, aproximadamente 6 minutos. Deseche todo lo que quede sin abrir. Transfiera a un plato caliente y sirva espolvoreado con cebollino.

Mejillones con jengibre

Para 4 personas

45 ml/3 cucharadas de aceite de maní (maní).
2 dientes de ajo, picados
4 rodajas de jengibre, picado
1,5 kg de mejillones lavados y barbudos
45 ml/3 cucharadas de agua
15 ml/1 cucharada de salsa de ostras

Calentar el aceite y sofreír el ajo y el jengibre durante 30 segundos. Agrega los mejillones y el agua, tapa y cocina durante unos 6 minutos, hasta que los mejillones se hayan abierto. Deseche todo lo que quede sin abrir. Transfiera a un plato caliente y sirva con salsa de ostras.

Mejillones al vapor

Para 4 personas

1,5 kg de mejillones lavados y barbudos
45 ml/3 cucharadas de salsa de soja
3 chalotas (cebollas), finamente picadas

Coloca los mejillones en la rejilla para vapor, tapa y cocina en agua hirviendo durante unos 10 minutos hasta que todos los mejillones se hayan abierto. Deseche todo lo que quede sin abrir. Transfiera a un plato caliente y sirva espolvoreado con salsa de soja y cebolleta.

ostras fritas

Para 4 personas

24 ostras, peladas

sal y pimienta recién molida

1 huevo batido

50 g / 2 oz / ¬Ω taza de harina para todo uso.

250 ml/8 onzas/1 taza de agua

freír en aceite

4 chalotas (cebollas), picadas

Espolvorea las ostras con sal y pimienta. Batir los huevos con la harina y el agua hasta que se forme una mezcla suficiente para cubrir las ostras. Calentar el aceite y sofreír las ostras hasta que estén doradas. Escurrirlas sobre papel absorbente y servir decoradas con cebolletas.

Ostras con tocino

Para 4 personas

175 gramos de tocino

24 ostras, peladas

1 huevo, ligeramente batido

15 ml/1 cucharada de agua

45 ml/3 cucharadas de aceite de maní (maní).

2 cebollas picadas

15 ml / 1 cucharada de harina de maíz (almidón de maíz)

15 ml/1 cucharada de salsa de soja

90 ml/6 cucharadas de caldo de pollo

Corta el tocino en trozos pequeños y coloca cada ostra en trozos pequeños alternativamente. Batir los huevos con el agua y luego sumergirlos en las ostras para cubrirlos. Calentar la mitad del aceite y sofreír las ostras hasta que estén doradas por ambos lados, luego retirar de la sartén y escurrir la grasa. Calentar el aceite restante y sofreír la cebolla hasta que esté blanda. Mezclar la maicena, la soja y el caldo hasta formar una pasta, verter en la sartén y freír, revolviendo, hasta que la salsa se aclare y espese. Vierta sobre las ostras y sirva inmediatamente.

Ostras fritas con jengibre

Para 4 personas

24 ostras, peladas
2 rodajas de jengibre, picado
30 ml/2 cucharadas de salsa de soja
15 ml/1 cucharada de vino de arroz o jerez seco
4 cebollas (chalotes), cortadas en tiras
100 gramos de tocino
1 huevo
50 g / 2 oz / ¬Ω taza de harina para todo uso.
sal y pimienta recién molida
freír en aceite
1 limón, cortado en cubitos

Coloque las ostras en un bol con el jengibre, la salsa de soja y el vino o jerez y revuelva bien para cubrirlas. Dejar actuar durante 30 minutos. Coloca unas tiras de cebolla sobre cada ostra. Corta el tocino en trozos pequeños y coloca cada ostra en trozos pequeños alternativamente. Batir los huevos y la harina hasta formar una masa, sazonar con sal y pimienta. Sumerge las ostras en la masa hasta que estén bien cubiertas. Calentar el aceite y sofreír las ostras hasta que estén doradas. Servir decorado con rodajas de limón.

Ostras con salsa de frijoles negros

Para 4 personas

350 g de ostras sin cáscara
120 ml / 4 oz / ½ taza de aceite de maní (maní).
2 dientes de ajo, picados
3 cebollines (cebolletas), en rodajas
15 ml/1 cucharada de salsa de frijoles negros
30 ml/2 cucharadas de salsa de soja oscura
15 ml/1 cucharada de aceite de sésamo
una pizca de chile

Blanquear las ostras en agua hirviendo durante 30 segundos y escurrir. Calentar el aceite y sofreír los ajos y las cebolletas durante 30 segundos. Agrega la salsa de frijoles negros, la salsa de soja, el aceite de sésamo y las ostras y sazona con chile al gusto. Cocine hasta que esté caliente y sirva inmediatamente.

Vieiras con brotes de bambú

Para 4 personas

60 ml/4 cucharadas de aceite de maní (maní).

6 cebollas (cebollas), picadas

225 g de champiñones cortados en cuartos

15 ml/1 cucharada de azúcar

450 g de mejillones con cáscara

2 rodajas de jengibre, picado

225 g de brotes de bambú, cortados en rodajas

sal y pimienta recién molida

300ml / ¬Ω pt. / 1 ¬° taza de agua

30ml/2 cucharadas de vinagre

30 ml / 2 cucharadas de harina de maíz (almidón de maíz)

150 ml / ¬° vie. / generosamente ¬Ω vaso de agua

45 ml/3 cucharadas de salsa de soja

Calentar el aceite y sofreír la cebolla y los champiñones durante 2 minutos. Agrega el azúcar, los mejillones, el jengibre, los brotes de bambú, sal y pimienta, tapa y cocina por 5 minutos. Agrega agua y vinagre, lleva a ebullición, tapa y cocina por 5 minutos. Mezclar la maicena y el agua hasta formar una pasta, agregarla a la sartén y freír, revolviendo constantemente, hasta que la salsa espese. Vierta la salsa de soja y sirva.

Peregrinos con huevos

Para 4 personas

45 ml/3 cucharadas de aceite de maní (maní).
350 g de mejillones con cáscara
25 g de jamón ahumado en lonchas
30 ml/2 cucharadas de vino de arroz o jerez seco
5ml/1 cucharadita de azúcar
2,5 ml/¬Ω cucharadita de sal
una pizca de pimienta recién molida
2 huevos, ligeramente batidos
15 ml/1 cucharada de salsa de soja

Calentar el aceite y sofreír los mejillones durante 30 segundos. Agrega el jamón y sofríe durante 1 minuto. Agrega el vino o jerez, el azúcar, la sal y la pimienta y cocina por 1 minuto. Agrega el huevo y mezcla suavemente a fuego alto hasta que los ingredientes estén bien cubiertos por el huevo. Sirva espolvoreado con salsa de soja.

Vieiras con brócoli

Para 4 personas

350 g de vieiras en rodajas
3 rodajas de jengibre, picado
¬Ω zanahoria pequeña, en rodajas
1 diente de ajo, machacado
45 ml/3 cucharadas de harina (sí).
2,5 ml / ¬Ω cucharadita de levadura en polvo (levadura en polvo)
30 ml/2 cucharadas de aceite de maní (maní).
15 ml/1 cucharada de agua
1 plátano, en rodajas
freír en aceite
275 g de brócoli
sal
5 ml/1 cucharadita de aceite de sésamo
2,5 ml/¬Ω cucharadita de salsa picante
2,5 ml/¬Ω cucharadita de vinagre
2,5 ml / ¬Ω cucharadita de pasta de tomate √ © y (pegamento)

Mezclar las vieiras con el jengibre, las zanahorias y el ajo y dejar enfriar. Mezclar la harina, la levadura, 15 ml/1 cucharada de aceite y el agua hasta formar una masa, cubrir con ella las rodajas de plátano. Calentar el aceite y freír los plátanos hasta que estén dorados, escurrir y colocar en una sartén caliente. Mientras tanto, hervir el brócoli en agua hirviendo con sal hasta que esté suave y escurrir. Calentar el aceite de sésamo en el aceite restante y sofreír brevemente los brócoli, luego colocarlos en un plato junto con los plátanos. Agrega la salsa de chile, el vinagre y el puré de tomate a la sartén y sofríe los mejillones hasta que estén cocidos. Vierta en un plato y sirva inmediatamente.

Peregrinos de jengibre

Para 4 personas

45 ml/3 cucharadas de aceite de maní (maní).

2,5 ml/¬Ω cucharadita de sal

3 rodajas de jengibre, picado

2 chalotes, cortados en rodajas gruesas

450 g de mejillones con cáscara, cortados por la mitad

15 ml / 1 cucharada de harina de maíz (almidón de maíz)

60 ml/4 cucharadas de agua

Calentar el aceite y sofreír la sal y el jengibre durante 30 segundos. Agrega las cebolletas y sofríe hasta que estén doradas. Añade los mejillones y sofríelos durante 3 minutos. Trabaja la maicena y el agua hasta formar una pasta, agrégala a la sartén y cocina a fuego lento, revolviendo constantemente, hasta que espese. Servir inmediatamente.

mejillones con jamon

Para 4 personas

450 g de mejillones con cáscara, cortados por la mitad
250 ml / 1 vaso de vino de arroz o jerez seco
1 cebolla, finamente picada
2 rodajas de jengibre, picado
2,5 ml/¬Ω cucharadita de sal
100 g de jamón ahumado cortado en rodajas

Coloca los mejillones en un bol y añade el vino o jerez. Cubra y deje marinar durante 30 minutos, revolviendo ocasionalmente, luego cuele las almejas y deseche la marinada. Coloca las vieiras en una fuente para horno con los demás ingredientes. Coloca la sartén sobre la rejilla de la vaporera, tapa y cocina en agua hirviendo durante unos 6 minutos hasta que los mejillones estén blandos.

Huevos revueltos con mejillones y hierbas

Para 4 personas

225 g de mejillones con cáscara
30 ml/2 cucharadas de cilantro fresco picado
4 huevos batidos
15 ml/1 cucharada de vino de arroz o jerez seco
sal y pimienta recién molida
15 ml/1 cucharada de aceite de maní (nuez).

Coloque las almejas en una vaporera y cocine hasta que estén bien cocidas, aproximadamente 3 minutos, dependiendo del tamaño. Retirar de la vaporera y espolvorear con cilantro. Batir los huevos con el vino o jerez y sazonar con sal y pimienta. Agrega los mejillones y el cilantro. Calienta el aceite y agrega la mezcla de almejas y huevo hasta que los huevos estén cuajados. Servir inmediatamente.

Mejillones y cebollas al vapor

Para 4 personas

45 ml/3 cucharadas de aceite de maní (maní).
1 cebolla, picada
450 g de mejillones con cáscara, cortados en cuartos
sal y pimienta recién molida
15 ml/1 cucharada de vino de arroz o jerez seco

Calentar el aceite y sofreír la cebolla hasta que esté blanda. Añade los mejillones y sofríe hasta que estén dorados. Sazone con sal y pimienta al gusto, vierta el vino o jerez y sirva inmediatamente.

Peregrinos con verduras

Servidor 4.6

4 champiñones chinos secos
2 cebollas
30 ml/2 cucharadas de aceite de maní (maní).
3 tallos de apio, cortados en rodajas
225 g de judías verdes, cortadas en rodajas
10 ml/2 cucharaditas de raíz de jengibre rallada
1 diente de ajo, machacado
20 ml / 4 cucharaditas de harina de maíz (almidón de maíz)
250 ml / 8 onzas / 1 taza de caldo de pollo
30 ml/2 cucharadas de vino de arroz o jerez seco
30 ml/2 cucharadas de salsa de soja
450 g de mejillones con cáscara, cortados en cuartos
6 cebollines (cebolletas), en rodajas
Una caja de mazorcas de maíz con capacidad de 425 g.

Remojar los champiñones en agua tibia durante 30 minutos y luego escurrirlos. Retire los tallos y corte la parte superior. Cortar la cebolla y separar las capas. Calentar el aceite y sofreír la cebolla, el apio, los frijoles, el jengibre y el ajo durante 3 minutos. Mezclar la maicena con un poco de caldo y añadir el resto del caldo, el vino o jerez y la soja. Añadir al wok y llevar a ebullición, revolviendo constantemente. Añade los champiñones, los mejillones, la cebolla y el maíz y sofríe unos 5 minutos hasta que los mejillones estén blandos.

Pellegrini con pimientos

Para 4 personas

30 ml/2 cucharadas de aceite de maní (maní).
3 chalotas (cebollas), picadas
1 diente de ajo, machacado
2 rodajas de jengibre, picado
2 pimientos rojos, cortados en cubitos
450 g de mejillones con cáscara
30 ml/2 cucharadas de vino de arroz o jerez seco
15 ml/1 cucharada de salsa de soja
15 ml/1 cucharada de salsa de frijoles amarillos
5ml/1 cucharadita de azúcar
5 ml/1 cucharadita de aceite de sésamo

Calentar el aceite y sofreír la cebolleta, el ajo y el jengibre durante 30 segundos. Agrega los pimientos y sofríe por 1 minuto. Agrega las vieiras y fríe durante 30 segundos, luego agrega los ingredientes restantes y fríe durante unos 3 minutos, hasta que las vieiras estén tiernas.

Pulpo con brotes de soja

Para 4 personas

450 g de calamares

30 ml/2 cucharadas de aceite de maní (maní).

15 ml/1 cucharada de vino de arroz o jerez seco

100 g de brotes de soja

15 ml/1 cucharada de salsa de soja

sal

1 chile rojo, picado

2 rodajas de jengibre, picado

2 cebolletas (cebolletas), picadas

Retirar la cabeza, las tripas y la membrana de los calamares y cortarlos en trozos grandes. Corta un patrón en forma de cruz en cada pieza. Hervir agua en una cacerola, añadir los calamares y cocinar a fuego lento hasta que los trozos se enrollen, escurrir y escurrir. Calentar la mitad del aceite y sofreír rápidamente los calamares. Vierta el vino o el jerez. Mientras tanto, calentar el aceite restante y sofreír los brotes de soja hasta que estén tiernos. Sazone con salsa de soja y sal. Coloque la guindilla, el jengibre y las cebolletas alrededor del plato para servir. Disponer los brotes de soja en el centro y los calamares encima. Servir inmediatamente.

calamar frito

Para 4 personas

50 g de harina 00 (sí).

25 g / 1 oz / ¬ taza de harina de maíz (almidón de maíz)

2,5 ml/¬Ω cucharadita de levadura en polvo

2,5 ml/¬Ω cucharadita de sal

1 huevo

75 ml/5 cucharadas de agua

15 ml/1 cucharada de aceite de maní (nuez).

450 g de calamares cortados en aros

freír en aceite

Prepara la masa con harina, maicena, levadura, sal, huevos, agua y aceite. Sumerge los calamares en la masa hasta que estén bien cubiertos. Calentar el aceite y sofreír los calamares poco a poco hasta que estén dorados. Escurrir sobre papel absorbente antes de servir.

paquete de pulpo

Para 4 personas

8 champiñones chinos secos

450 g de calamares

100 g de jamón ahumado

100 gramos de tofu

1 huevo batido

15 ml / 1 cucharada de harina (para todo uso).

2,5 ml/¬Ω cucharadita de azúcar

2,5 ml/¬Ω cucharadita de aceite de sésamo

sal y pimienta recién molida

8 pieles de wonton

freír en aceite

Remojar los champiñones en agua tibia durante 30 minutos y luego escurrirlos. Deseche los tallos. Limpiar los calamares y cortarlos en 8 trozos. Corta el jamón y el tofu en 8 trozos. Colócalos todos en un bol. Mezclar los huevos con la harina, el azúcar, el aceite de sésamo, la sal y la pimienta. Vierte los ingredientes en el recipiente y mezcla suavemente. Coloque los champiñones y un trozo de calamares, jamón y tofu directamente debajo del centro de cada piel de wonton. Dobla la esquina inferior, dobla los lados, luego enrolla y humedece los bordes con agua para sellar. Calentar el aceite y sofreír las albóndigas durante unos 8 minutos hasta que estén doradas. Escurrir bien antes de servir.

Calamar frito

Para 4 personas

45 ml/3 cucharadas de aceite de maní (maní).
225 g de anillas de pulpo
1 pimiento verde grande, cortado en trozos
100 g de brotes de bambú, cortados en rodajas
2 cebolletas (cebolletas), finamente picadas
1 rodaja de jengibre, finamente picado
45 ml/2 cucharadas de salsa de soja
30 ml/2 cucharadas de vino de arroz o jerez seco
15 ml / 1 cucharada de harina de maíz (almidón de maíz)
15 ml/1 cucharada de caldo de pescado o agua
5ml/1 cucharadita de azúcar
5ml/1 cucharadita de vinagre
5 ml/1 cucharadita de aceite de sésamo
sal y pimienta recién molida

Calentar 15ml/1 cucharada de aceite y sofreír rápidamente los calamares hasta que estén bien cocidos. Mientras tanto, calentar el aceite restante en una sartén aparte y sofreír los pimientos, los brotes de bambú, las cebolletas y el jengibre durante 2 minutos. Agrega los calamares y sofríe por 1 minuto. Mezclar salsa de soja, vino o jerez, maicena, caldo, azúcar, vinagre y aceite de sésamo y sazonar con sal y pimienta. Cocine hasta que la salsa se aclare y espese.

calamares al vapor

Para 4 personas

45 ml/3 cucharadas de aceite de maní (maní).
3 chalotas (cebollas), cortadas en rodajas gruesas
2 rodajas de jengibre, picado
450 g de calamares cortados en trozos
15 ml/1 cucharada de salsa de soja
15 ml/1 cucharada de vino de arroz o jerez seco
5 ml / 1 cucharadita de harina de maíz (almidón de maíz)
15 ml/1 cucharada de agua

Calentar el aceite y sofreír la cebolla y el jengibre hasta que estén tiernos. Añade los calamares y sofríe hasta que estén cubiertos de aceite. Agrega la salsa de soja y el vino o jerez, tapa y cocina por 2 minutos. Mezcla la maicena y el agua hasta obtener una pasta, agrégala a la sartén y cocina a fuego lento, revolviendo, hasta que la salsa espese y los calamares estén suaves.

Pulpo con setas secas

Para 4 personas

50 g de champiñones chinos secos
Anillas de pulpo 450 g / 1 lb
45 ml/3 cucharadas de aceite de maní (maní).
45 ml/3 cucharadas de salsa de soja
2 cebolletas (cebolletas), finamente picadas
1 rodaja de jengibre, finamente picado
225 g de brotes de bambú cortados en tiras
30 ml / 2 cucharadas de harina de maíz (almidón de maíz)
150 ml / ¬° vie. / buena ¬Ω taza de caldo de pescado

Remojar los champiñones en agua tibia durante 30 minutos y luego escurrirlos. Retire los tallos y corte la parte superior. Escaldamos los calamares en agua hirviendo durante unos segundos. Calentar el aceite, añadir los champiñones, la salsa de soja, la cebolleta y el jengibre y sofreír durante 2 minutos. Agrega los calamares y los brotes de bambú y cocina por 2 minutos. Combine la maicena y el dulce de azúcar y revuelva en la sartén. Cocine a fuego lento, revolviendo, hasta que la salsa se vuelva ligera y espesa.

Pulpo Con Verduras

Para 4 personas

45 ml/3 cucharadas de aceite de maní (maní).
1 cebolla, picada
5 ml/1 cucharadita de sal
450 g de calamares cortados en trozos
100 g de brotes de bambú, cortados en rodajas
2 tallos de apio, cortados en rodajas
60 ml/4 cucharadas de caldo de pollo
5ml/1 cucharadita de azúcar
100 g de tirabeques (guisantes)
5 ml / 1 cucharadita de harina de maíz (almidón de maíz)
15 ml/1 cucharada de agua
Calentar el aceite y sofreír la cebolla y la sal hasta que estén doradas. Añade los calamares y sofríe hasta que estén cubiertos de aceite. Agrega los brotes de bambú y el apio y sofríe durante 3 minutos. Añade el caldo y el azúcar, lleva a ebullición, tapa y

cocina a fuego lento durante 3 minutos hasta que las verduras estén blandas. Agrega la salsa picante. Mezclar la maicena y el agua hasta formar una pasta, agregarla a la sartén y freír, revolviendo constantemente, hasta que la salsa espese.

Gulash de ternera al anís

Para 4 personas

30 ml/2 cucharadas de aceite de maní (maní).
450 g / 1 libra de carne molida
1 diente de ajo, machacado
45 ml/3 cucharadas de salsa de soja
15 ml/1 cucharada de agua
15 ml/1 cucharada de vino de arroz o jerez seco
5 ml/1 cucharadita de sal
5ml/1 cucharadita de azúcar
2 dientes de anís estrellado

Calentar el aceite y sofreír la carne por todos lados hasta que esté dorada. Agrega el resto de los ingredientes, lleva a ebullición, tapa y cocina por unos 45 minutos, luego voltea la carne, agrega un poco de agua y salsa de soja si la carne está seca. Cocine por 45 minutos más hasta que la carne esté tierna. Retire el anís estrellado antes de servir.

Ternera con espárragos

Para 4 personas

450 g de cóccix de ternera troceado

30 ml/2 cucharadas de salsa de soja

30 ml/2 cucharadas de vino de arroz o jerez seco

45 ml / 3 cucharadas de harina de maíz (almidón de maíz)

45 ml/3 cucharadas de aceite de maní (maní).

5 ml/1 cucharadita de sal

1 diente de ajo, machacado

350 g de cabezas de espárragos

120 ml / 4 oz / ¬Ω taza de caldo de pollo

15 ml/1 cucharada de salsa de soja

Coloca el bistec en un bol. Mezcle salsa de soja, vino o jerez y 30 ml/2 cucharadas de maicena, vierta sobre el asado y mezcle bien. Dejar marinar durante 30 minutos. Calentar el aceite de oliva con sal y ajo y sofreír hasta que el ajo esté ligeramente dorado. Agrega la carne y la marinada y sofríe durante 4 minutos. Añade los espárragos y dóralos en la sartén durante 2 minutos. Añade el caldo y la soja, lleva a ebullición y cocina, revolviendo constantemente, durante 3 minutos hasta que la carne esté cocida. Mezclar el resto de la maicena con un poco de agua o caldo y agregar a la salsa. Cocine, revolviendo, durante unos minutos hasta que la salsa se aclare y espese.

Filete con brotes de bambú

Para 4 personas

45 ml/3 cucharadas de aceite de maní (maní).
1 diente de ajo, machacado
1 cebolla tierna (cebolleta), picada
1 rodaja de jengibre, finamente picado
225 g de carne magra cortada en tiras
100 g de brotes de bambú
45 ml/3 cucharadas de salsa de soja
15 ml/1 cucharada de vino de arroz o jerez seco
5 ml / 1 cucharadita de harina de maíz (almidón de maíz)

Calentar el aceite de oliva y sofreír el ajo, la cebolla y el jengibre hasta que estén dorados. Agrega la carne y sofríe durante 4 minutos hasta que esté dorada. Agrega los brotes de bambú y sofríe durante 3 minutos. Agrega la salsa de soja, el vino o jerez y la maicena y cocina por 4 minutos.

Filete con brotes de bambú y champiñones.

Para 4 personas

225 g de carne magra
45 ml/3 cucharadas de aceite de maní (maní).
1 rodaja de jengibre, finamente picado
100 g de brotes de bambú, cortados en rodajas
100 g de champiñones cortados en rodajas
45 ml/3 cucharadas de vino de arroz o jerez seco
5ml/1 cucharadita de azúcar
10 ml/2 cucharaditas de salsa de soja
sal y pimienta
120 ml / 4 oz / ¬Ω taza de caldo de res
15 ml / 1 cucharada de harina de maíz (almidón de maíz)
30 ml/2 cucharadas de agua

Corta la carne en rodajas finas a lo largo de la fibra. Calentar el aceite y sofreír el jengibre unos segundos. Agrega la carne y sofríe hasta que esté dorada. Añade los brotes de bambú y las setas y sofríe durante 1 minuto. Agrega vino o jerez, azúcar y soja, sazona con sal y pimienta. Agrega el caldo, lleva a ebullición, tapa y cocina a fuego lento durante 3 minutos. Mezclar la harina de maíz con agua, verter en la sartén y freír, revolviendo constantemente, hasta que la salsa espese.

Gulash de ternera al estilo chino

Para 4 personas

45 ml/3 cucharadas de aceite de maní (maní).
Filete 900 gramos
1 cebolleta (cebolleta), cortada en rodajas
1 diente de ajo, picado
1 rodaja de jengibre, finamente picado
60 ml/4 cucharadas de salsa de soja
30 ml/2 cucharadas de vino de arroz o jerez seco
5ml/1 cucharadita de azúcar
5 ml/1 cucharadita de sal
una pizca de pimienta
750 ml / 1er punto / 3 tazas de agua hirviendo

Calentar el aceite y sofreír rápidamente la carne por todos lados. Agregue cebolletas, ajo, jengibre, soja, vino o jerez, azúcar, sal y pimienta. Hacer hervir removiendo constantemente. Agrega el agua hirviendo, lleva a ebullición, revolviendo constantemente, tapa y cocina a fuego lento durante aproximadamente 2 horas hasta que la carne esté tierna.

Filete con brotes de soja

Para 4 personas

450 g de carne magra de ternera cortada en rodajas
1 clara de huevo
30 ml/2 cucharadas de aceite de maní (maní).
15 ml / 1 cucharada de harina de maíz (almidón de maíz)
15 ml/1 cucharada de salsa de soja
100 g de brotes de soja
25 g de chucrut picado
1 chile rojo, picado
2 cebolletas (cebolletas), picadas
2 rodajas de jengibre, picado
sal
5 ml/1 cucharadita de salsa de ostras
5 ml/1 cucharadita de aceite de sésamo

Mezclar la carne con la proteína, la mitad del aceite, la maicena y la soja y dejar reposar 30 minutos. Blanquear los brotes de soja en agua hirviendo durante unos 8 minutos hasta que estén casi blandos y escurrir. Calentar el aceite restante y freír la carne hasta que esté dorada, luego retirar de la sartén. Agrega el repollo, la guindilla, el jengibre, la sal, la salsa de ostras y el aceite de sésamo y sofríe durante 2 minutos. Agrega los brotes de soja y sofríe durante 2 minutos. Regrese la carne a la sartén y cocine hasta que esté bien combinada y caliente. Servir inmediatamente.

Filete con brócoli

Para 4 personas

450 g de pierna de ternera cortada en rodajas finas
30 ml / 2 cucharadas de harina de maíz (almidón de maíz)
15 ml/1 cucharada de vino de arroz o jerez seco
15 ml/1 cucharada de salsa de soja
30 ml/2 cucharadas de aceite de maní (maní).
5 ml/1 cucharadita de sal
1 diente de ajo, machacado
225 g de floretes de brócoli

150 ml / ¬° pt / ¬Ω taza de caldo de res

Coloca el bistec en un bol. Mezclar 15ml/1 cucharada de maicena con vino o jerez y salsa de soja, añadir la carne y dejar marinar durante 30 minutos. Calentar el aceite de oliva con sal y ajo y sofreír hasta que el ajo esté ligeramente dorado. Agrega la carne y la marinada y cocina por 4 minutos. Agrega el brócoli y cocina por 3 minutos. Agrega el caldo, lleva a ebullición, tapa y cocina por 5 minutos, hasta que el brócoli esté tierno pero aún crujiente. Mezclar el resto de la maicena con un poco de agua y agregar la salsa. Cocine a fuego lento, revolviendo, hasta que la salsa se aclare y espese.

Carne de sésamo con brócoli

Para 4 personas
150 g de carne magra de ternera cortada en rodajas finas
2,5 ml/¬Ω cucharadita de salsa de ostras
5 ml / 1 cucharadita de harina de maíz (almidón de maíz)
5 ml/1 cucharadita de vinagre de vino blanco

60 ml/4 cucharadas de aceite de maní (maní).
100 g de floretes de brócoli
5ml/1 cucharadita de salsa de pescado
2,5 ml/¬Ω cucharadita de salsa de soja
250 ml / 8 onzas / 1 taza de caldo de res
30 ml/2 cucharadas de semillas de sésamo

Marinar la carne en salsa de ostras, 2,5 ml/¬Ω cucharadita de maicena, 2,5 ml/¬Ω cucharadita de vinagre y 15 ml/1 cucharada de aceite durante 1 hora.

Mientras tanto, calentar 15 ml/1 cucharada de aceite, añadir el brócoli, 2,5 ml/¬Ω cucharadita de salsa de pescado, la salsa de soja y el vinagre restante y espolvorear ligeramente con agua hirviendo. Cocine a fuego lento durante unos 10 minutos hasta que estén tiernos.

Calentar 30 ml/2 cucharadas de aceite en una sartén aparte y dorar la carne brevemente hasta que se dore. Añade el caldo, el resto de la maicena y la salsa de pescado, lleva a ebullición, tapa y cocina durante unos 10 minutos hasta que la carne esté tierna. Escurre el brócoli y colócalo al fuego. Coloca la carne encima y espolvorea generosamente con semillas de sésamo.

Carne a la parrilla

Para 4 personas

450 g de carne magra de ternera cortada en rodajas
60 ml/4 cucharadas de salsa de soja
2 dientes de ajo, picados
5 ml/1 cucharadita de sal
2,5 ml / ¬Ω cucharadita de pimienta recién molida
10ml/2 cucharaditas de azúcar

Mezclar todos los ingredientes y dejar reposar durante 3 horas. Ase o fría (asar) en una parrilla precalentada durante unos 5 minutos por cada lado.

carne cantonesa

Para 4 personas

30 ml / 2 cucharadas de harina de maíz (almidón de maíz)
Batir 2 claras de huevo hasta que estén firmes.
450 g de ternera cortada en tiras
freír en aceite
4 tallos de apio, cortados en rodajas
2 cebollas, rebanadas
60 ml/4 cucharadas de agua
20ml/4 cucharaditas de sal
75 ml/5 cucharadas de salsa de soja
60 ml/4 cucharadas de vino de arroz o jerez seco
30ml/2 cucharadas de azúcar
pimienta recién molida

Mezclar la mitad de la maicena con la clara de huevo. Agregue la carne y mezcle hasta que la carne esté cubierta con la mezcla. Calentar el aceite y freír el filete hasta que esté dorado. Retirar de la sartén y escurrir sobre papel absorbente. Calentar 15 ml/1 cucharada de aceite y sofreír el apio y la cebolla durante 3 minutos. Agrega la carne, el agua, la sal, la soja, el vino o jerez y el azúcar y sazona con pimienta. Llevar a ebullición y cocinar, revolviendo constantemente, hasta que la salsa espese.

Filete con zanahorias

Para 4 personas

30 ml/2 cucharadas de aceite de maní (maní).
450 g de carne magra cortada en cubos
2 cebolletas (cebolletas), cortadas en rodajas
2 dientes de ajo, picados
1 rodaja de jengibre, finamente picado
250 ml/8 onzas/1 taza de salsa de soja
30 ml/2 cucharadas de vino de arroz o jerez seco
30 ml/2 cucharadas de azúcar moreno
5 ml/1 cucharadita de sal
600 ml / 1 punto / 2 ¬Ω tazas de agua
4 zanahorias, cortadas en diagonal

Calentar el aceite y sofreír la carne hasta que esté dorada. Retirar el exceso de aceite, añadir la cebolleta, el ajo, el jengibre y el anís y sofreír 2 minutos. Agrega la salsa de soja, el vino o jerez, el azúcar y la sal y mezcla bien. Vierta el agua, hierva, cubra con una tapa y cocine por 1 hora. Agrega la zanahoria, tapa y cocina por otros 30 minutos. Retire la tapa y cocine hasta que la salsa se haya reducido.

Filete con anacardos

Para 4 personas

60 ml/4 cucharadas de aceite de maní (maní).
450 g de pierna de ternera cortada en rodajas finas
8 chalotas (cebollas), picadas
2 dientes de ajo, picados
1 rodaja de jengibre, finamente picado
75 g/3 oz/taza de anacardos tostados
120 ml / 4 oz / ¬Ω taza de agua
20 ml / 4 cucharaditas de harina de maíz (almidón de maíz)
20 ml/4 cucharaditas de salsa de soja
5 ml/1 cucharadita de aceite de sésamo
5 ml/1 cucharadita de salsa de ostras
5 ml/1 cucharadita de salsa picante

Calentar la mitad del aceite y sofreír la carne hasta que esté dorada. Retirar de la sartén. Calienta el aceite restante y saltea las chalotas, el ajo, el jengibre y los anacardos durante 1 minuto. Regresa la carne a la sartén. Mezclar el resto de los ingredientes y verter la mezcla en la sartén. Llevar a ebullición y cocinar, revolviendo constantemente, hasta que la mezcla espese.

Filete de cocción lenta

Para 4 personas

30 ml/2 cucharadas de aceite de maní (maní).
450 g de ternera guisada, cortada en cubos
3 rodajas de jengibre, picado
3 zanahorias, cortadas en rodajas
1 nabo, cortado en cubitos
15 ml/1 cucharada de dátiles negros
15 ml/1 cucharada de semillas de loto
30 ml / 2 cucharadas de puré de tomate (concentrado)
10ml/2 cucharadas de sal
900 ml / 1 ¬Ω punto / 3 œ dl caldo de res
250 ml / 1 vaso de vino de arroz o jerez seco

Calentar el aceite en una olla o sartén grande y sofreír la carne por todos lados.

Filete Con Coliflor

Para 4 personas

225 g de floretes de coliflor

freír en aceite

225 g de ternera cortada en tiras

50 g de brotes de bambú cortados en tiras

10 castañas de agua, cortadas en tiras

120 ml / 4 oz / ¬Ω taza de caldo de pollo

15 ml/1 cucharada de salsa de soja

15 ml/1 cucharada de salsa de ostras

15 ml / 1 cucharada de puré de tomate (concentrado)

15 ml / 1 cucharada de harina de maíz (almidón de maíz)

2,5 ml/¬Ω cucharadita de aceite de sésamo

Cuece la coliflor en agua hirviendo durante 2 minutos y escúrrela. Calentar el aceite y sofreír la coliflor hasta que esté dorada. Filtrar y escurrir sobre papel absorbente. Calentar el aceite y sofreír la carne hasta que esté dorada, escurrir y reservar. Vierta todo menos 15 ml/1 cucharada de aceite y fría los brotes de bambú y las castañas de agua durante 2 minutos. Agrega el resto de los ingredientes, lleva a ebullición y cocina, revolviendo constantemente, hasta que la salsa espese. Regrese la carne y la coliflor a la sartén y caliente un poco. Servir inmediatamente.

Ternera con apio

Para 4 personas

100 g de apio cortado en tiras
45 ml/3 cucharadas de aceite de maní (maní).
2 cebolletas (cebolletas), picadas
1 rodaja de jengibre, finamente picado
225 g de carne magra cortada en tiras
30 ml/2 cucharadas de salsa de soja
30 ml/2 cucharadas de vino de arroz o jerez seco
2,5 ml/½ cucharadita de azúcar
2,5 ml/½ cucharadita de sal

Blanquear el apio en agua hirviendo durante 1 minuto y escurrir bien. Calentar el aceite de oliva y sofreír la cebolla y el jengibre hasta que estén dorados. Agrega la carne y sofríe durante 4 minutos. Agrega el apio y sofríe por 2 minutos. Agrega la salsa de soja, el vino o jerez, el azúcar y la sal y sofríe durante 3 minutos.

Rebanadas de ternera fritas con apio

Para 4 personas

30 ml/2 cucharadas de aceite de maní (maní).

450 g de ternera magra cortada en hojuelas

3 ramas de apio, picadas

1 cebolla picada

1 cebolleta (cebolleta), cortada en rodajas

1 rodaja de jengibre, finamente picado

30 ml/2 cucharadas de salsa de soja

15 ml/1 cucharada de vino de arroz o jerez seco

2,5 ml/¬Ω cucharadita de azúcar

2,5 ml/¬Ω cucharadita de sal

10 ml / 2 cucharaditas de harina de maíz (almidón de maíz)

30 ml/2 cucharadas de agua

Calienta la mitad del aceite hasta que esté muy caliente y fríe la carne durante 1 minuto, hasta que se dore. Retirar de la sartén. Calentar el aceite restante y sofreír el apio, la cebolla, la cebolleta y el jengibre hasta que estén ligeramente tiernos. Regrese la carne a la sartén con la salsa de soja, el vino o jerez, el azúcar y la sal, lleve a ebullición y cocine a fuego lento hasta que esté bien cocida. Mezclar la maicena con el agua, verter en la sartén y cocinar hasta que la salsa espese. Servir inmediatamente.

Rebanadas de filete con pollo y apio

Para 4 personas

4 champiñones chinos secos

45 ml/3 cucharadas de aceite de maní (maní).

2 dientes de ajo, picados

1 raíz de jengibre, en rodajas

5 ml/1 cucharadita de sal

100 g de carne magra cortada en tiras

100 g de carne de pollo, cortada en tiras

2 zanahorias, cortadas en tiras

2 tallos de apio, cortados en tiras

4 cebollas (chalotes), cortadas en tiras

5ml/1 cucharadita de azúcar

5 ml/1 cucharadita de salsa de soja

5 ml/1 cucharadita de vino de arroz o jerez seco

45 ml/3 cucharadas de agua

5 ml / 1 cucharadita de harina de maíz (almidón de maíz)

Remojar los champiñones en agua tibia durante 30 minutos y luego escurrirlos. Quitar los tallos y picar las tapas. Calentar el aceite de oliva y sofreír el ajo, el jengibre y la sal hasta que estén dorados. Agrega la carne y el pollo y sofríe hasta que empiecen a dorarse. Añade el apio, las cebolletas, el azúcar, la soja, el vino o jerez y el agua y deja hervir. Tapar y cocinar durante unos 15 minutos hasta que la carne esté tierna. Mezclar la harina de maíz con un poco de agua, agregar la salsa y cocinar a fuego lento, revolviendo constantemente, hasta que la salsa espese.

carne de chile

Para 4 personas

450 g de filete de ternera cortado en tiras
45 ml/3 cucharadas de salsa de soja
15 ml/1 cucharada de vino de arroz o jerez seco
15 ml/1 cucharada de azúcar moreno
15 ml/1 cucharada de raíz de jengibre finamente picada
30 ml/2 cucharadas de aceite de maní (maní).
50 g de brotes de bambú cortados en palitos
1 cebolla, cortada en tiras
1 apio cortado en palitos
2 chiles rojos, sin corazón y cortados en tiras
120 ml / 4 oz / ¬Ω taza de caldo de pollo
15 ml / 1 cucharada de harina de maíz (almidón de maíz)

Coloca el bistec en un bol. Mezcle soja, vino o jerez, azúcar y jengibre y agréguelos al bistec. Dejar marinar durante 1 hora. Retire el bistec de la marinada. Calentar la mitad del aceite y sofreír los brotes de bambú, la cebolla, el apio y la guindilla durante 3 minutos, luego retirar de la sartén. Calentar el aceite restante y sofreír el filete durante 3 minutos. Mezclar la marinada, llevar a ebullición y añadir las verduras fritas. Cocine, revolviendo, durante 2 minutos. Mezclar el caldo y la maicena y agregar a la sartén. Llevar a ebullición y cocinar, revolviendo constantemente, hasta que la salsa se vuelva transparente y espese.

Filete con col china

Para 4 personas

225 g de carne magra
30 ml/2 cucharadas de aceite de maní (maní).
350 g de bok choy rallado
120 ml / 4 oz / ¬Ω taza de caldo de res
sal y pimienta recién molida
10 ml / 2 cucharaditas de harina de maíz (almidón de maíz)
30 ml/2 cucharadas de agua

Corta la carne en rodajas finas a lo largo de la fibra. Calentar el aceite y sofreír la carne hasta que esté dorada. Agrega el bok choy y sofríe hasta que esté ligeramente suave. Vierta el caldo, lleve a ebullición y sazone con sal y pimienta. Tape y cocine por 4 minutos hasta que la carne esté tierna. Mezclar la harina de maíz con agua, verter en la sartén y freír, revolviendo constantemente, hasta que la salsa espese.

Chop Suey de Ternera

Para 4 personas

3 tallos de apio, cortados en rodajas

100 g de brotes de soja

100 g de floretes de brócoli

60 ml/4 cucharadas de aceite de maní (maní).

3 chalotas (cebollas), picadas

2 dientes de ajo, picados

1 rodaja de jengibre, finamente picado

225 g de carne magra cortada en tiras

45 ml/3 cucharadas de salsa de soja

15 ml/1 cucharada de vino de arroz o jerez seco

5 ml/1 cucharadita de sal

2,5 ml/½ cucharadita de azúcar

pimienta recién molida

15 ml / 1 cucharada de harina de maíz (almidón de maíz)

Blanquear el apio, los brotes de soja y el brócoli en agua hirviendo durante 2 minutos, escurrir y secar. Calentar 45ml/3 cucharadas de aceite y sofreír la cebolla, el ajo y el jengibre hasta que estén dorados. Agrega la carne y sofríe durante 4 minutos. Retirar de la sartén. Calentar el aceite restante y sofreír las verduras durante 3 minutos. Añade la carne, la soja, el vino o jerez, la sal, el azúcar y una pizca de pimienta y sofríe durante 2 minutos. Mezclar la maicena con un poco de agua, verterla en la sartén y cocinar a fuego lento, revolviendo constantemente, hasta que la salsa se aclare y espese.

filete con pepino

Para 4 personas

450 g de pierna de ternera cortada en rodajas finas
45 ml/3 cucharadas de salsa de soja
30 ml / 2 cucharadas de harina de maíz (almidón de maíz)
60 ml/4 cucharadas de aceite de maní (maní).
2 pepinos, pelados, sin corazón y rebanados
60 ml/4 cucharadas de caldo de pollo
30 ml/2 cucharadas de vino de arroz o jerez seco
sal y pimienta recién molida

Coloca el bistec en un bol. Mezclar la salsa de soja y la maicena y agregar a la carne. Dejar marinar durante 30 minutos. Calienta la mitad del aceite y fríe los pepinos durante 3 minutos hasta que estén transparentes, luego retíralos de la sartén. Calentar el aceite restante y freír el filete hasta que esté dorado. Agrega los pepinos y sofríe por 2 minutos. Agrega el caldo, el vino o el jerez y sazona con sal y pimienta. Llevar a ebullición, tapar y cocinar durante 3 minutos.

cómeme carne

Para 4 personas

Filete de res 750 g / 1 ¬Ω lb

2 cebollas

45 ml/3 cucharadas de salsa de soja

45 ml/3 cucharadas de vino de arroz o jerez seco

15 ml/1 cucharada de mantequilla de maní

5 ml/1 cucharadita de jugo de limón

350 g de masa de huevo

60 ml/4 cucharadas de aceite de maní (maní).

175 ml / 6 oz / ¬ć dl caldo de pollo

15 ml / 1 cucharada de harina de maíz (almidón de maíz)

30 ml/2 cucharadas de salsa de ostras

4 chalotas (cebollas), picadas
3 tallos de apio, cortados en rodajas
100 g de champiñones cortados en rodajas
1 pimiento verde, cortado en tiras
100 g de brotes de soja

Pelar la carne y quitarle la grasa. Cortar el parmesano transversalmente en rodajas finas. Cortar la cebolla y separar las capas. Mezclar 15ml/1 cucharada de salsa de soja con 15ml/1 cucharada de vino o jerez, mantequilla de maní y jugo de limón. Agrega la carne, tapa y reserva por 1 hora. Cuece la pasta en agua hirviendo durante unos 5 minutos o hasta que esté suave. Escurrir bien. Calentar 15 ml/1 cucharada de aceite, añadir 15 ml/1 cucharada de salsa de soja y los fideos y sofreír durante 2 minutos hasta que estén dorados. Transfiera a un plato para servir tibio.

Mezcle el resto de la soja y el vino o jerez con el caldo, la maicena y la salsa de ostras. Calentar 15ml/1 cucharada de aceite y sofreír la cebolla durante 1 minuto. Agrega el apio, los champiñones, los pimientos y los brotes de soja y sofríe durante 2 minutos. Retirar del wok. Calentar el aceite restante y sofreír la carne hasta que esté dorada. Agrega el caldo, lleva a ebullición, tapa y cocina a fuego lento durante 3 minutos. Regrese las verduras al wok y cocine, revolviendo, hasta que estén calientes, aproximadamente 4 minutos. Vierte la mezcla obtenida sobre la pasta y sirve.

pepino asado

Para 4 personas

450 g de filete

10 ml / 2 cucharaditas de harina de maíz (almidón de maíz)

10ml/2 cucharaditas de sal

2,5 ml / ¬Ω cucharadita de pimienta recién molida

90 ml / 6 cucharadas de aceite de maní (nuez).

1 cebolla, finamente picada

1 pepino, pelado y picado

120 ml / 4 oz / ¬Ω taza de caldo de res

Corta el filete en tiras y luego córtalo en rodajas finas a lo largo de la fibra. Colócalo en un bol, añade la maicena, la sal, la pimienta y la mitad del aceite. Dejar marinar durante 30 minutos. Calentar el aceite restante y sofreír la carne y la cebolla hasta que estén doradas. Agrega el pepino y el caldo, lleva a ebullición, tapa y cocina a fuego lento durante 5 minutos.

Curry de carne asada

Para 4 personas

45 ml/3 cucharadas de mantequilla

15 ml/1 cucharada de curry

45 ml/3 cucharadas de harina (sí).

375 ml / 13 oz / 1 ohmio vaso de leche

15 ml/1 cucharada de salsa de soja

sal y pimienta recién molida

450 g de carne picada cocida

100 g de guisantes

2 zanahorias, picadas

2 cebollas picadas

225 g de arroz de grano largo cocido, caliente

1 huevo duro (hervido), cortado en rodajas

Derretir la mantequilla, añadir el curry y la harina, sofreír durante 1 minuto. Añade la leche y la soja, lleva a ebullición y cocina durante 2 minutos, revolviendo constantemente. Condimentar con sal y pimienta. Agregue la carne, los guisantes, las zanahorias y la cebolla y revuelva bien para cubrirlos con la salsa. Agregue el arroz, luego transfiera la mezcla a una bandeja para hornear y cocine en un horno precalentado a 200 ∞ C / 400 ∞ F / marca de gas 6 durante 20 minutos hasta que las verduras estén tiernas. Sirve las rodajas de huevo duro decoradas.

mejillones en salmuera

Para 4 personas

Abulón enlatado con un peso de 450 g / 1 lb

45 ml/3 cucharadas de salsa de soja

30ml/2 cucharadas de vinagre

5ml/1 cucharadita de azúcar

unas gotas de aceite de sésamo

Escurrir los mejillones y cortarlos en láminas o tiras finas. Mezclar el resto de los ingredientes, verterlos sobre los mejillones y mezclar bien. Cubra y refrigere por 1 hora.

Brotes de bambú al vapor

Para 4 personas

60 ml/4 cucharadas de aceite de maní (maní).
225 g de brotes de bambú cortados en tiras
60 ml/4 cucharadas de caldo de pollo
15 ml/1 cucharada de salsa de soja
5ml/1 cucharadita de azúcar
5 ml/1 cucharadita de vino de arroz o jerez seco

Calentar el aceite y sofreír los brotes de bambú durante 3 minutos. Mezclar el caldo, la salsa de soja, el azúcar y el vino o jerez y añadir a la sartén. Tapar y cocinar a fuego lento durante 20 minutos. Conservar en el frigorífico y refrigerar antes de servir.

marinada de pollo

Para 4 personas

1 pepino, pelado y sin corazón

225 g de pollo cocido, cortado en trozos pequeños

5 ml/1 cucharadita de mostaza en polvo

2,5 ml/½ cucharadita de sal

30ml/2 cucharadas de vinagre

Cortar el pepino en tiras y disponer en un plato. Coloque el pollo encima. Mezcle mostaza, sal y vinagre y vierta sobre el pollo justo antes de servir.

pollo al sésamo

Para 4 personas

350 g de pollo cocido
120 ml / 4 oz / ½ taza de agua
5 ml/1 cucharadita de mostaza en polvo
15 ml/1 cucharada de sésamo
2,5 ml/½ cucharadita de sal
una pizca de azúcar
45 ml/3 cucharadas de cilantro fresco picado
5 cebolletas (cebolletas), picadas
½ cabeza de lechuga picada

Corta el pollo en tiras finas. Mezcla suficiente agua con mostaza para hacer una pasta suave y agrega el pollo. Tostar las semillas de sésamo en una sartén seca hasta que estén doradas, luego agregarlas al pollo y espolvorear con sal y azúcar. Agrega la mitad del perejil y el cebollino y mezcla bien. Coloca la ensalada en un plato, cubre con la mezcla de pollo y decora con el perejil restante.

Lichi con jengibre

Para 4 personas

1 sandía grande, cortada por la mitad y escurrida
450 g de lichis enlatados, escurridos
5 cm / 2 tallos de jengibre, en rodajas
algunas hojas de menta

Rellena las mitades de sandía con lichi y jengibre, decora con hojas de menta. Dejar enfriar antes de servir.

Alitas de pollo cocidas rojas

Para 4 personas

8 alitas de pollo

2 cebolletas (cebolletas), picadas

75 ml/5 cucharadas de salsa de soja

120 ml / 4 oz / ¬Ω taza de agua

30 ml/2 cucharadas de azúcar moreno

Recorta y desecha los extremos con hueso de las alitas de pollo y córtalas por la mitad. Agréguelo a la sartén con los demás ingredientes, lleve a ebullición, tape y cocine a fuego lento durante 30 minutos. Retire la tapa y continúe cocinando durante otros 15 minutos, cepillando con frecuencia. Conservar en el frigorífico y refrigerar antes de servir.

Carne de cangrejo con pepino

Para 4 personas

100 g de hojuelas de carne de cangrejo
2 pepinos, pelados y rebanados
1 rodaja de jengibre, finamente picado
15 ml/1 cucharada de salsa de soja
30ml/2 cucharadas de vinagre
5ml/1 cucharadita de azúcar
unas gotas de aceite de sésamo

Coloque la carne de cangrejo y el pepino en un bol. Mezclar el resto de los ingredientes, verter sobre la mezcla de carne de cangrejo y mezclar bien. Tapar y dejar enfriar durante 30 minutos antes de servir.

champiñones en escabeche

Para 4 personas

225 gramos de champiñones
30 ml/2 cucharadas de salsa de soja
15 ml/1 cucharada de vino de arroz o jerez seco
pizca de sal
unas gotas de tabasco
unas gotas de aceite de sésamo

Cuece los champiñones en agua hirviendo durante 2 minutos, escúrrelos y sécalos. Colócalo en un bol y vierte el resto de los ingredientes encima. Mezclar bien y dejar enfriar antes de servir.

Champiñones marinados al ajillo

Para 4 personas

225 gramos de champiñones

3 dientes de ajo, picados

30 ml/2 cucharadas de salsa de soja

30 ml/2 cucharadas de vino de arroz o jerez seco

15 ml/1 cucharada de aceite de sésamo

pizca de sal

Coloca los champiñones y el ajo en un colador, vierte agua hirviendo sobre ellos y reserva durante 3 minutos. Limpiar y secar bien. Mezclar el resto de ingredientes, verter la marinada sobre los champiñones y dejar marinar 1 hora.

Camarones y coliflor

Para 4 personas

225 g de floretes de coliflor
100 g de gambas peladas
15 ml/1 cucharada de salsa de soja
5 ml/1 cucharadita de aceite de sésamo

Cocine la coliflor por separado durante unos 5 minutos hasta que esté tierna pero aún crujiente. Mezclar con las gambas, rociar con salsa de soja y aceite de sésamo y mezclar. Dejar enfriar antes de servir.

Palitos de jamón con semillas de sésamo

Para 4 personas

225 g de jamón cortado en tiras
10 ml/2 cucharaditas de salsa de soja
2,5 ml/½ cucharadita de aceite de sésamo

Distribuir el jamón en un plato para servir. Mezclar la salsa de soja y el aceite de sésamo, espolvorear el jamón y servir.

tofu frio

Para 4 personas

450 g de tofu, cortado en rodajas

45 ml/3 cucharadas de salsa de soja

45 ml/3 cucharadas de aceite de maní (maní).

pimienta recién molida

Coloca unas rodajas de tofu en un colador y sumérgelo en agua hirviendo durante 40 segundos, escúrrelo y colócalo en un plato. Lo dejamos enfriar. Mezclar la salsa de soja con el aceite, espolvorear el tofu y servir espolvoreado con pimienta.

Pollo con tocino

Para 4 personas

225 g de pollo cortado en rodajas muy finas
75 ml/5 cucharadas de salsa de soja
15 ml/1 cucharada de vino de arroz o jerez seco
1 diente de ajo, machacado
15 ml/1 cucharada de azúcar moreno
5 ml/1 cucharadita de sal
5ml/1 cucharadita de jengibre molido
225 g de tocino magro cortado en cubitos
100 g de castañas de agua cortadas en rodajas muy finas
30 ml/2 cucharadas de miel

Coloca el pollo en un bol. Mezclar 45ml/3 cucharadas de salsa de soja con vino o jerez, ajo, azúcar, sal y jengibre, verter sobre el pollo y dejar marinar unas 3 horas. Coloca el pollo, el tocino y las castañas sobre los palitos de kebab. Mezclar el resto de la soja con la miel y esparcirla en el palito. Cocine (ase a la parrilla) en una parrilla precalentada durante aproximadamente 10 minutos hasta que esté bien cocido, volteándolo con frecuencia y espolvoreando con otros ingredientes mientras cocina.

Papas fritas con pollo y plátanos

Para 4 personas

2 pechugas de pollo cocidas

2 plátanos duros

6 rebanadas de pan

4 huevos

120 ml / 4 oz / ¬Ω taza de leche

50 g / 2 oz / ¬Ω taza de harina para todo uso.

225 g / 8 oz / 4 tazas de pan rallado fresco

freír en aceite

Corta el pollo en 24 trozos. Pela los plátanos y córtalos en cuartos a lo largo. Corta cada cuarto en tercios para hacer 24 piezas. Quitar la corteza del pan y cortarlo en cuartos. Batir los huevos con la leche y esparcirlos por un lado del pan. Coloque un trozo de pollo y un trozo de plátano en el lado untado con huevo de cada pan. Espolvorea ligeramente los cuadrados con harina, luego sumérgelos en huevo y espolvoréalos con pan rallado. Pasar nuevamente el huevo y el pan rallado. Calentar el aceite y sofreír unos cuadritos hasta que estén dorados. Escurrir sobre papel absorbente antes de servir.

Pollo con jengibre y champiñones

Para 4 personas

225 g de filetes de pechuga de pollo
5 ml/1 cucharadita de polvo de cinco sabores
15 ml / 1 cucharada de harina (para todo uso).
120 ml / 4 oz / ¬Ω taza de aceite de maní (maní).
4 chalotes, cortados por la mitad
1 diente de ajo, cortado en rodajas
1 rodaja de jengibre, finamente picado
25 g / 1 oz / ¬¼ taza de anacardos
5 ml/1 cucharadita de miel
15 ml/1 cucharada de harina de arroz
75 ml/5 cucharadas de vino de arroz o jerez seco
100 g de champiñones cortados en cuartos
2,5 ml/¬Ω cucharadita de cúrcuma
6 chiles amarillos, cortados por la mitad
5 ml/1 cucharadita de salsa de soja
¬¬ jugo de limon
sal y pimienta
4 hojas de lechuga crujientes

Cortar la pechuga de pollo en diagonal junto con el parmesano en tiras finas. Espolvoree con polvo de cinco sabores y espolvoree ligeramente con harina. Calentar 15ml/1 cucharada de aceite y freír el pollo hasta que esté dorado. Retirar de la sartén. Calentar un poco de aceite y sofreír las chalotas, el ajo, el jengibre y los anacardos durante 1 minuto. Agregue la miel y revuelva hasta que las verduras estén cubiertas. Espolvorear con harina y añadir vino o jerez. Agrega los champiñones, la cúrcuma y la guindilla y sofríe durante 1 minuto. Agrega el pollo, la salsa de soja, la mitad del jugo de limón, la sal y la pimienta y calienta bien. Retirar de la sartén y mantener caliente. Calentar un chorrito de aceite de oliva, añadir las hojas de lechuga y sofreírlas rápidamente, sazonar con sal, pimienta y el resto del zumo de lima.

pollo y jamon

Para 4 personas

225 g de pollo cortado en rodajas muy finas
75 ml/5 cucharadas de salsa de soja
15 ml/1 cucharada de vino de arroz o jerez seco
15 ml/1 cucharada de azúcar moreno
5ml/1 cucharadita de jengibre molido
1 diente de ajo, machacado
225 g de jamón cocido cortado en cubitos
30 ml/2 cucharadas de miel

Colocar el pollo en un bol con 45ml/3 cucharadas de salsa de soja, vino o jerez, azúcar, jengibre y ajo. Dejar marinar durante 3 horas. Coloca el pollo y el jamón en el palito de kebab. Mezclar el resto de la soja con la miel y esparcirla en el palito. Ase (ase) debajo del asador precalentado durante aproximadamente 10 minutos, volteándolo con frecuencia y untándolo con glaseado mientras se cocina.

Hígado de pollo a la parrilla

Para 4 personas

450 g de hígado de pollo
45 ml/3 cucharadas de salsa de soja
15 ml/1 cucharada de vino de arroz o jerez seco
15 ml/1 cucharada de azúcar moreno
5 ml/1 cucharadita de sal
5ml/1 cucharadita de jengibre molido
1 diente de ajo, machacado

Blanquear los hígados de pollo en agua hirviendo durante 2 minutos y escurrir bien. Colócalo en un bol con todos los demás ingredientes excepto el aceite y la marinada durante unas 3 horas. Ensarte los hígados de pollo en brochetas y cocínelos en una parrilla precalentada durante unos 8 minutos hasta que estén dorados.

Bolas de cangrejo con castañas de agua

Para 4 personas

450 g de carne de cangrejo, picada

100 g de castañas de agua picadas

1 diente de ajo, machacado

Jengibre en rodajas 1 cm/¬Ω, molido

45 ml / 3 cucharadas de harina de maíz (almidón de maíz)

30 ml/2 cucharadas de salsa de soja

15 ml/1 cucharada de vino de arroz o jerez seco

5 ml/1 cucharadita de sal

5ml/1 cucharadita de azúcar

3 huevos batidos

freír en aceite

Mezclar todos los ingredientes menos el aceite y formar bolitas. Calentar el aceite y sofreír las bolas de cangrejo hasta que estén doradas. Escurrir bien antes de servir.

Suma modesta

Para 4 personas

100 g de gambas peladas y picadas

225 g de carne magra de cerdo finamente picada

50 g de bok choy finamente picado

3 chalotas (cebollas), picadas

1 huevo batido

30 ml / 2 cucharadas de harina de maíz (almidón de maíz)

10 ml/2 cucharaditas de salsa de soja

5 ml/1 cucharadita de aceite de sésamo

5 ml/1 cucharadita de salsa de ostras

24 pieles de wonton

freír en aceite

Agregue los camarones, el cerdo, el repollo y las cebolletas. Mezcla los huevos, la maicena, la salsa de soja, el aceite de sésamo y la salsa de ostras. Vierta la mezcla en el centro de cada piel de wonton. Envuelva con cuidado los rollos alrededor del relleno, doblando los bordes pero dejando la parte superior abierta. Calentar el aceite y sofreír los disums poco a poco hasta que estén dorados. Escurrir bien y servir caliente.

Rollitos con jamón y pollo

Para 4 personas

2 pechugas de pollo
1 diente de ajo, machacado
2,5 ml/¬Ω cucharadita de sal
2,5 ml/¬Ω cucharadita de cinco especias en polvo
4 lonchas de jamón cocido
1 huevo batido
30 ml/2 cucharadas de leche
25 g/1 oz/¬ taza de harina (aproximadamente).
4 cáscaras de huevo
freír en aceite

Corta la pechuga de pollo por la mitad. Batirlos muy finos. Mezcle el ajo, la sal y las cinco especias en polvo y espolvoree sobre el pollo. Coloca una loncha de jamón sobre cada trozo de pollo y enróllalo bien. Mezclar los huevos y la leche. Espolvorea ligeramente los trozos de pollo con harina y luego sumérgelos en la mezcla de huevo. Coloca cada trozo con piel sobre un rodillo y pincela los bordes con huevo batido. Dobla los lados hacia adentro, luego enrolla y pellizca los bordes para sellar. Calentar el aceite y freír los rollitos durante unos 5 minutos hasta que estén dorados.

dorado y cocido. Escurrirlas sobre papel de cocina, luego cortarlas en rodajas gruesas en diagonal y servir.

Jamon cocido

Para 4 personas

350 g / 12 onzas / 3 tazas de harina (para todo uso).

175 g / 6 oz / ½ taza de mantequilla

120 ml / 4 oz / ¬Ω taza de agua

225 g de jamón loncheado

100 g de brotes de bambú picados

2 cebolletas (cebolletas), picadas

15 ml/1 cucharada de salsa de soja

30 ml/2 cucharadas de semillas de sésamo

Vierte la harina en un bol y agrega la mantequilla. Mezclar con agua para formar una pasta. Estirar la masa y cortar círculos de 5 cm/2 cm de diámetro. Mezclar todos los ingredientes restantes excepto las semillas de sésamo y mezclar cada vez con una cuchara. Pincelamos los bordes del hojaldre con agua y sellamos. Cepille el exterior con agua y espolvoree con semillas de sésamo. Hornee en horno precalentado a 180-∞C/350-∞F/nivel de gas 4 durante 30 minutos.

pescado pseudoahumado

Para 4 personas

1 lubina

3 rodajas de jengibre, cortado en rodajas

1 diente de ajo, machacado

1 cebolla tierna (cebolleta), en rodajas gruesas

75 ml/5 cucharadas de salsa de soja

30 ml/2 cucharadas de vino de arroz o jerez seco

2,5 ml/¬Ω cucharadita de anís molido

2,5 ml/¬Ω cucharadita de aceite de sésamo

10ml/2 cucharaditas de azúcar

120 ml / 4 oz / ¬Ω taza de caldo

freír en aceite

5 ml / 1 cucharadita de harina de maíz (almidón de maíz)

Pele el pescado y córtelo en rodajas de 5 mm (~° pulgada) de grosor a lo largo de la fibra. Mezclar jengibre, ajo, cebolleta, 60 ml/4 cucharadas de salsa de soja, jerez, anís y aceite de sésamo. Verter sobre el pescado y dejar condimentar delicadamente. Dejar reposar 2 horas, revolviendo de vez en cuando.

Vierte la marinada en una sartén y coloca el pescado sobre papel absorbente. Agrega el azúcar, el caldo y el resto de la salsa de soja.

marinar, llevar a ebullición y cocinar durante 1 minuto. Si la salsa espesa, mezcla la maicena con un poco de agua fría, agrega la salsa y cocina a fuego lento, revolviendo constantemente, hasta que la salsa espese.

Mientras tanto, calentar el aceite y sofreír el pescado hasta que esté dorado. Escurrir bien. Sumerge los trozos de pescado en la marinada y colócalos en un plato caliente. Servir caliente o frío.

champiñones guisados

Para 4 personas

12 cápsulas grandes de champiñones secos
225 g de carne de cangrejo
3 castañas de agua, picadas
2 cebolletas (cebolletas), finamente picadas
1 clara de huevo
15 ml / 1 cucharada de harina de maíz (almidón de maíz)
15 ml/1 cucharada de salsa de soja
15 ml/1 cucharada de vino de arroz o jerez seco

Remoja la esponja en agua tibia durante la noche. Seco. Mezclar el resto de los ingredientes y rellenar con ellos las tapas de los champiñones. Colocar en una parrilla y cocinar al vapor durante 40 minutos. Servir caliente.

Champiñones en salsa de ostras

Para 4 personas

10 champiñones chinos secos
250 ml / 8 onzas / 1 taza de caldo de res
15 ml / 1 cucharada de harina de maíz (almidón de maíz)
30 ml/2 cucharadas de salsa de ostras
5 ml/1 cucharadita de vino de arroz o jerez seco

Remoje los champiñones en agua tibia durante 30 minutos, luego escúrralos y reserve 250 ml/8 oz/1 taza del líquido de remojo. Deseche los tallos. Mezcle 60 ml/4 cucharadas de caldo de res con la maicena hasta formar una pasta. Lleve a ebullición el caldo de res restante con los champiñones y el líquido de los champiñones, cubra y cocine a fuego lento durante 20 minutos. Retire los champiñones del líquido con una espumadera y colóquelos en un plato caliente. Agrega la salsa de ostras y el jerez a la sartén y cocina, revolviendo, durante 2 minutos. Agrega la pasta de maíz y cocina a fuego lento, revolviendo hasta que la salsa espese. Vierta sobre los champiñones y sirva inmediatamente.

Rollitos de cerdo y ensalada

Para 4 personas

4 champiñones chinos secos
15 ml/1 cucharada de aceite de maní (nuez).
225 g de carne magra de cerdo picada
100 g de brotes de bambú picados
100 g de castañas de agua picadas
4 chalotas (cebollas), picadas
175 g de hojuelas de carne de cangrejo
30 ml/2 cucharadas de vino de arroz o jerez seco
15 ml/1 cucharada de salsa de soja
10 ml/2 cucharaditas de salsa de ostras
10 ml/2 cucharaditas de aceite de sésamo
9 hojas chinas

Remojar los champiñones en agua tibia durante 30 minutos y luego escurrirlos. Quitar los tallos y picar las tapas. Calentar el aceite y sofreír el cerdo durante 5 minutos. Añade las setas, los brotes de bambú, las castañas de agua, la cebolla y la carne de cangrejo y sofríe durante 2 minutos. Combine el vino o jerez, la salsa de soja, la salsa de ostras y el aceite de sésamo y revuelva en la sartén. Alejar del calor. Mientras tanto, blanquear las hojas de quina en agua hirviendo durante 1 minuto.

publicación. Coloque una cucharada de mezcla de carne de cerdo en el centro de cada hoja, doble los lados y enrolle antes de servir.

Albóndigas de cerdo y castañas

Para 4 personas

450 g de carne de cerdo picada (picada).
50 g de champiñones, finamente picados
50 g de castañas de agua, finamente picadas
1 diente de ajo, machacado
1 huevo batido
30 ml/2 cucharadas de salsa de soja
15 ml/1 cucharada de vino de arroz o jerez seco
5ml/1 cucharadita de jengibre molido
5ml/1 cucharadita de azúcar
sal
30 ml / 2 cucharadas de harina de maíz (almidón de maíz)
freír en aceite

Mezclar todos los ingredientes excepto la maicena y formar bolitas. Untar la maicena. Calentar el aceite y sofreír las albóndigas durante unos 10 minutos hasta que estén doradas. Escurrir bien antes de servir.

cerdo, albóndigas y chucrut

Servidor 4.6

450 g / 1 libra de harina (para todo uso).

500 ml / 17 onzas / 2 tazas de agua

450 g de carne de cerdo cocida, picada

225 g de gambas peladas y picadas

4 ramas de apio, picadas

15 ml/1 cucharada de salsa de soja

15 ml/1 cucharada de vino de arroz o jerez seco

15 ml/1 cucharada de aceite de sésamo

5 ml/1 cucharadita de sal

2 cebolletas (cebolletas), finamente picadas

2 dientes de ajo, picados

1 rodaja de jengibre, finamente picado

Amasar la harina y el agua hasta obtener una masa suave y bien amasada. Cubra y reserve durante 10 minutos. Estirar la masa lo más fina posible y cortarla en discos de 5 cm de diámetro. Mezcle todos los ingredientes restantes. Coloca una cucharada de la mezcla en cada círculo, humedece los bordes y cierra el semicírculo. En una cacerola hervir el agua y agregar con cuidado los ñoquis.

Sándwiches de cerdo y ternera

Para 4 personas

100 g de carne de cerdo picada (picada).

100 g de carne picada (picada).

1 rebanada de tocino, desmenuzado, en rodajas (picado)

15 ml/1 cucharada de salsa de soja

sal y pimienta

1 huevo batido

30 ml / 2 cucharadas de harina de maíz (almidón de maíz)

freír en aceite

Mezclar la carne picada con el tocino, sazonar con sal y pimienta. Mezclar con los huevos, formar bolitas del tamaño de una nuez y espolvorearlas con maicena. Calentar el aceite y freír hasta que estén doradas. Escurrir bien antes de servir.

camarones mariposa

Para 4 personas

450 g de gambas grandes peladas

15 ml/1 cucharada de salsa de soja

5 ml/1 cucharadita de vino de arroz o jerez seco

5ml/1 cucharadita de jengibre molido

2,5 ml/¬Ω cucharadita de sal

2 huevos batidos

30 ml / 2 cucharadas de harina de maíz (almidón de maíz)

15 ml / 1 cucharada de harina (para todo uso).

freír en aceite

Cortar las gambas por el centro del muslo y disponerlas en forma de mariposa. Mezclar salsa de soja, vino o jerez, jengibre y sal. Vierta sobre los camarones y deje marinar durante 30 minutos. Retirar de la marinada y secar. Batir los huevos con la maicena y la harina hasta que estén suaves y mojar en ella los camarones. Calentar el aceite y sofreír las gambas hasta que estén doradas. Escurrir bien antes de servir.

camarones chinos

Para 4 personas

450 g de gambas peladas
30ml/2 cucharadas de salsa inglesa
15 ml/1 cucharada de salsa de soja
15 ml/1 cucharada de vino de arroz o jerez seco
15 ml/1 cucharada de azúcar moreno

Coloca los camarones en un bol. Mezclar el resto de ingredientes, verter sobre las gambas y dejar marinar 30 minutos. Colocar en una bandeja para horno y hornear en horno precalentado a 150-∞C / 300-∞F/nivel de gas 2 durante 25 minutos. Sirva caliente o frío con conchas para que los invitados las rasquen.

nube de dragón

Para 4 personas

100 g de galletas de gambas

freír en aceite

Calienta el aceite hasta que esté muy caliente. Añade un puñado de galletas de gambas y sofríelas unos segundos hasta que se inflen. Mientras fríes las galletas, escúrrelas del aceite y colócalas sobre papel absorbente.

camarones crujientes

Para 4 personas

450 g de gambas tigre sin cáscara
15 ml/1 cucharada de vino de arroz o jerez seco
10 ml/2 cucharaditas de salsa de soja
5 ml/1 cucharadita de polvo de cinco sabores
sal y pimienta
90 ml / 6 cucharadas de harina de maíz (almidón de maíz)
2 huevos batidos
100 g de pan rallado
aceite de maní para freír

Mezclar los langostinos con vino o jerez, salsa de soja y cinco especias en polvo, sazonar con sal y pimienta. Tamizarlas en harina de maíz y luego bañarlas en huevo batido y pan rallado. Freírlos en aceite hirviendo durante unos minutos hasta que estén dorados, escurrirlos y servir inmediatamente.

Camarones con salsa de jengibre

Para 4 personas

15 ml/1 cucharada de salsa de soja
5 ml/1 cucharadita de vino de arroz o jerez seco
5 ml/1 cucharadita de aceite de sésamo
450 g de gambas peladas
30 ml/2 cucharadas de perejil fresco picado
15 ml/1 cucharada de vinagre
5ml/1 cucharadita de jengibre molido

Mezclar salsa de soja, vino o jerez y aceite de sésamo. Verter sobre las gambas, tapar y dejar marinar 30 minutos. Asa los langostinos durante unos minutos hasta que estén cocidos y vierte la marinada por encima. Mientras tanto, mezcle el perejil, el vinagre y el jengibre y sirva con las gambas.

Rollitos con gambas y pasta

Para 4 personas

50 g de pasta al huevo, cortada en trozos

15 ml/1 cucharada de aceite de maní (nuez).

50 g de carne magra de cerdo finamente picada

100 g de champiñones picados

3 chalotas (cebollas), picadas

100 g de gambas peladas y picadas

15 ml/1 cucharada de vino de arroz o jerez seco

sal y pimienta

24 pieles de wonton

1 huevo batido

freír en aceite

Cuece la pasta en agua hirviendo durante 5 minutos, escúrrela y córtala. Calentar el aceite y sofreír el cerdo durante 4 minutos. Agrega los champiñones y la cebolla, sofríe durante 2 minutos y luego retira del fuego. Agrega los langostinos, el vino o jerez y la pasta, sazona con sal y pimienta. Vierta la mezcla en el centro de cada cáscara de wonton y unte los bordes con huevo batido. Dobla los bordes, luego enrolla la masa y sella los bordes. Calentar el aceite y sofreír los rollitos.

unos pocos a la vez durante unos 5 minutos, hasta que estén dorados. Escurrir sobre papel absorbente antes de servir.

tostadas de camarones

Para 4 personas

2 huevos 450 g de gambas peladas y picadas
15 ml / 1 cucharada de harina de maíz (almidón de maíz)
1 cebolla, finamente picada
30 ml/2 cucharadas de salsa de soja
15 ml/1 cucharada de vino de arroz o jerez seco
5 ml/1 cucharadita de sal
5ml/1 cucharadita de jengibre molido
8 rebanadas de pan cortadas en triángulos
freír en aceite

Mezclar 1 huevo con todos los ingredientes restantes excepto el pan y el aceite. Vierte la mezcla sobre los triángulos de pan y forma una cúpula. Pincelar con el huevo restante. Calentar unos 5 cm de aceite y sofreír los triángulos de pan hasta que estén dorados. Escurrir bien antes de servir.

Wontons de cerdo y gambas con salsa agridulce

Para 4 personas

120 ml / 4 oz / ¬Ω taza de agua

60 ml/4 cucharadas de vinagre

60 ml/4 cucharadas de azúcar moreno

30 ml / 2 cucharadas de puré de tomate (concentrado)

10 ml / 2 cucharaditas de harina de maíz (almidón de maíz)

25 g de champiñones picados

25 g de gambas peladas y picadas

50 g de carne magra de cerdo picada

2 cebolletas (cebolletas), picadas

5 ml/1 cucharadita de salsa de soja

2,5 ml/¬Ω cucharadita de raíz de jengibre rallada

1 diente de ajo, machacado

24 pieles de wonton

freír en aceite

Mezcla agua, vinagre, azúcar, pasta de tomate y maicena en una cacerola. Llevar a ebullición, revolviendo constantemente, luego cocinar por 1 minuto. Retirar del fuego y mantener caliente.

Combine los champiñones, los camarones, el cerdo, las cebolletas, la salsa de soja, el jengibre y el ajo. Vierte el relleno en cada concha, cepilla los bordes con agua y presiona para cerrar. Calentar aceite y freír varios wontons hasta que estén dorados. Escurrirlas sobre papel absorbente y servir calientes con salsa agridulce.

Caldo de pollo

Rinde 2 cuartos/3½ puntos/8½ tazas

1,5 kg de muslos de pollo cocidos o crudos

450 g de pierna de cerdo

1cm/½ raíz de jengibre picada

3 cebollines (cebolletas), en rodajas

1 diente de ajo, machacado

5 ml/1 cucharadita de sal

2,25 litros / 4pt / 10 vasos de agua

Hervir todos los ingredientes, tapar y cocinar por 15 minutos. Quitar la grasa. Tapar y cocinar a fuego lento durante 1 hora y media. Filtrar, enfriar y filtrar. Congele en pequeñas porciones o guárdelo en el frigorífico y consúmalo en 2 días.

Sopa de brotes de cerdo y frijoles

Para 4 personas

450 g de carne de cerdo picada

1,5 l / 2½ puntos / 6 dl caldo de pollo

5 rodajas de raíz de jengibre

350 g de brotes de soja

15ml/1 cucharada de sal

Cocine la carne de cerdo en agua hirviendo durante 10 minutos y luego escúrrala. Hervir el caldo, agregar la carne de cerdo y el jengibre. Tapar y cocinar a fuego lento durante 50 minutos. Agrega los brotes de soja y la sal y cocina por 20 minutos.

Sopa de abulón y champiñones

Para 4 personas

60 ml/4 cucharadas de aceite de maní (maní).
100 g de carne magra de cerdo cortada en tiras
225 g de mejillones en lata cortados en tiras
100 g de champiñones cortados en rodajas
2 tallos de apio, cortados en rodajas
50 g de jamón cortado en tiras
2 cebollas, rebanadas
1,5 l / 2½ puntos / 6 vasos de agua
30ml/2 cucharadas de vinagre
45 ml/3 cucharadas de salsa de soja
2 rodajas de jengibre, picado
sal y pimienta recién molida
15 ml / 1 cucharada de harina de maíz (almidón de maíz)
45 ml/3 cucharadas de agua

Calentar el aceite y sofreír el cerdo, los mejillones, los champiñones, el apio, el jamón y la cebolla durante 8 minutos. Agrega agua y vinagre, lleva a ebullición, tapa y cocina por 20 minutos. Agrega la salsa de soja, el jengibre, la sal y la pimienta. Mezclar la maicena hasta obtener una pasta.

agua, vierta en la sopa y cocine, revolviendo constantemente, durante 5 minutos, hasta que la sopa se aclare y espese.

Sopa de pollo y espárragos

Para 4 personas

100 g de pollo, picado

2 claras de huevo

2,5ml/½ cucharadita de sal

30 ml / 2 cucharadas de harina de maíz (almidón de maíz)

225 g de espárragos, cortados en trozos de 5 cm

100 g de brotes de soja

1,5 l / 2½ puntos / 6 dl caldo de pollo

100 gramos de champiñones

Mezclar el pollo con las claras, la sal y la harina de maíz y reservar por 30 minutos. Cocine el pollo en agua hirviendo durante unos 10 minutos hasta que esté cocido y escurra bien. Blanquear los espárragos en agua hirviendo durante 2 minutos y escurrir. Blanquear los brotes de soja en agua hirviendo durante 3 minutos y escurrir. Vierte el caldo en una olla grande, agrega el pollo, los espárragos, los champiñones y los brotes de soja. Llevar a ebullición y sazonar con sal. Cocine durante unos minutos para permitir que se desarrollen los sabores y las verduras se ablanden pero aún estén crujientes.

Caldo de pollo

Para 4 personas

225 g de carne picada (picada).
15 ml/1 cucharada de salsa de soja
15 ml/1 cucharada de vino de arroz o jerez seco
15 ml / 1 cucharada de harina de maíz (almidón de maíz)
1,2 l / 2 uds / 5 dl caldo de pollo
5 ml/1 cucharadita de salsa picante
sal y pimienta
2 huevos batidos
6 cebollas (cebollas), picadas

Mezclar la carne con salsa de soja, vino o jerez y maicena. Agrega el caldo y lleva a ebullición lentamente, revolviendo constantemente. Agrega la salsa picante de frijoles, sazona con sal y pimienta, tapa y deja cocinar por unos 10 minutos, revolviendo ocasionalmente. Agrega los huevos y sirve espolvoreados con cebolletas.

Sopa china con ternera y hojas.

Para 4 personas

200 g de carne magra de ternera cortada en tiras
15 ml/1 cucharada de salsa de soja
15 ml/1 cucharada de aceite de maní (nuez).
1,5 l / 2½ puntos / 6 dl caldo de res
5 ml/1 cucharadita de sal
2,5ml/½ cucharadita de azúcar
½ cabeza de hojas chinas cortadas en trozos

Mezclar la carne con la salsa de soja y el aceite y dejar marinar durante 30 minutos, revolviendo de vez en cuando. Hervir el caldo con sal y azúcar, añadir las hojas de porcelana y cocinar a fuego lento unos 10 minutos hasta que esté casi cocido. Agrega la carne y cocina a fuego lento durante otros 5 minutos.

Sopa de repollo

Para 4 personas

60 ml/4 cucharadas de aceite de maní (maní).

2 cebollas picadas

100 g de carne magra de cerdo cortada en tiras

225 g de bok choy, picado

10ml/2 cucharaditas de azúcar

1,2 l / 2 uds / 5 dl caldo de pollo

45 ml/3 cucharadas de salsa de soja

sal y pimienta

15 ml / 1 cucharada de harina de maíz (almidón de maíz)

Calentar el aceite y sofreír la cebolla y el cerdo hasta que estén dorados. Agrega el repollo y el azúcar y cocina por 5 minutos. Agrega el caldo y la salsa de soja, sazona con sal y pimienta. Llevar a ebullición, tapar y cocinar durante 20 minutos. Mezclar la harina de maíz con un poco de agua, agregarla a la sopa y cocinar revolviendo constantemente, hasta que la sopa espese y se vuelva transparente.

Sopa de ternera picante

Para 4 personas

45 ml/3 cucharadas de aceite de maní (maní).
1 diente de ajo, machacado
5 ml/1 cucharadita de sal
225 g de carne picada (picada).
6 cebollas (cebollas), cortadas en tiras
1 pimiento rojo, cortado en tiras
1 pimiento verde, cortado en tiras
225 g de col picada
1 l / 1¾pt / 4¼ taza de caldo de res
30 ml/2 cucharadas de salsa de ciruela
30 ml/2 cucharadas de salsa hoisin
45 ml/3 cucharadas de salsa de soja
2 piezas de jengibre sin tallo, picado
2 huevos
5 ml/1 cucharadita de aceite de sésamo
225 g de pasta ligera remojada

Calentar el aceite de oliva y sofreír los ajos y la sal hasta que estén dorados. Añade la carne y dórala rápidamente. Agrega las verduras y sofríelas hasta que estén transparentes. Añadir caldo, salsa de ciruela, salsa hoisin 30 ml/2

cucharadas de salsa de soja y jengibre, llevar a ebullición y cocinar durante 10 minutos. Batir los huevos con el aceite de sésamo y el resto de la salsa de soja. Agrega la sopa de tagliatelle y cocina, revolviendo constantemente, hasta que los huevos formen hilos y la pasta esté suave.

sopa celestial

Para 4 personas

2 cebolletas (cebolletas), picadas

1 diente de ajo, machacado

30 ml/2 cucharadas de perejil fresco picado

5 ml/1 cucharadita de sal

15 ml/1 cucharada de aceite de maní (nuez).

30 ml/2 cucharadas de salsa de soja

1,5 l / 2½ puntos / 6 vasos de agua

Mezclar la cebolleta, el ajo, el perejil, la sal, el aceite y la soja. Hierva agua, espolvoree la mezcla de cebollino encima y reserve durante 3 minutos.

Sopa de pollo y brotes de bambú

Para 4 personas

2 muslos de pollo

30 ml/2 cucharadas de aceite de maní (maní).

5 ml/1 cucharadita de vino de arroz o jerez seco

1,5 l / 2½ puntos / 6 dl caldo de pollo

3 cebolletas, cortadas en rodajas

100 g de brotes de bambú cortados en trozos

5ml/1 cucharadita de jengibre molido

sal

Retire el pollo de los huesos y corte la carne en cubos. Calentar el aceite y freír el pollo hasta que esté cocido por todos lados. Agregue el caldo, las chalotas, los brotes de bambú y el jengibre, lleve a ebullición y cocine a fuego lento durante unos 20 minutos hasta que el pollo esté tierno. Sazone con sal antes de servir.

Sopa de pollo y maíz

Para 4 personas

1 L / 1¾ uds. / 4¼ dl caldo de pollo

100 g de pollo, picado

200 g de crema de maíz

corta el jamón, córtalo

huevo roto

15 ml/1 cucharada de vino de arroz o jerez seco

Llevar a ebullición el caldo y el pollo, tapar y cocinar a fuego lento durante 15 minutos. Agrega el maíz y el jamón, tapa y cocina por 5 minutos. Agrega los huevos y el jerez, revolviendo lentamente con un agitador hasta que los huevos formen hilos. Retirar del fuego, tapar y reservar 3 minutos antes de servir.

Sopa de pollo y jengibre

Para 4 personas

4 champiñones chinos secos
1,5 l / 2½ puntos / 6 dl de agua o caldo de pollo
225 g de pollo cortado en cubos
10 rodajas de raíz de jengibre
5 ml/1 cucharadita de vino de arroz o jerez seco
sal

Remojar los champiñones en agua tibia durante 30 minutos y luego escurrirlos. Deseche los tallos. Hervir el agua o caldo con el resto de los ingredientes y cocinar durante unos 20 minutos hasta que el pollo esté cocido.

Sopa china de champiñones con pollo

Para 4 personas

25 g de champiñones chinos secos

100 g de pollo, picado

50 g de brotes de bambú picados

30 ml/2 cucharadas de salsa de soja

30 ml/2 cucharadas de vino de arroz o jerez seco

1,2 l / 2 uds / 5 dl caldo de pollo

Remojar los champiñones en agua tibia durante 30 minutos y luego escurrirlos. Retire los tallos y corte la parte superior. Escalde los champiñones, el pollo y los brotes de bambú en agua hirviendo durante 30 segundos y luego escúrralos. Colócalas en un bol y mezcla la salsa de soja con el vino o jerez. Dejar marinar durante 1 hora. Hierva el caldo, agregue la mezcla de pollo y la marinada. Mezclar bien y sofreír unos minutos hasta que el pollo esté cocido.

Sopa de pollo y arroz

Para 4 personas

1 L / 1¾ uds. / 4¼ dl caldo de pollo

225 g / 8 oz / 1 taza de arroz de grano largo cocido

100 g de pollo cocido, cortado en tiras

1 cebolla, picada

5 ml/1 cucharadita de salsa de soja

Calentar todos los ingredientes juntos sin que hierva la sopa.

Sopa De Pollo Y Coco

Para 4 personas

350 g de pechuga de pollo

sal

10 ml / 2 cucharaditas de harina de maíz (almidón de maíz)

30 ml/2 cucharadas de aceite de maní (maní).

1 chile verde, picado

1 L / 1¾pt / 4¼ taza de leche de coco

5 ml/1 cucharadita de ralladura de limón

12 lichis

una pizca de nuez moscada rallada

sal y pimienta recién molida

2 hojas de melisa

Corta la pechuga de pollo en diagonal en tiras de parmesano. Sazone con sal y espolvoree con maicena. Calentar 10 ml/2 cucharaditas de aceite en un wok, remover y verter. Repita una vez más. Calienta el aceite restante y fríe el pollo y el chile por 1 minuto. Agrega la leche de coco y deja hervir. Agrega la ralladura de limón y cocina a fuego lento durante 5 minutos. Agrega el lichi, sazona con nuez moscada, sal y pimienta y sirve decorado con melisa.

sopa de almejas

Para 4 personas

2 champiñones chinos secos
12 mejillones remojados y lavados
1,5 l / 2½ puntos / 6 dl caldo de pollo
50 g de brotes de bambú picados
50 g de guisantes de olor, partidos por la mitad
2 cebolletas (cebolletas), cortadas en aros
15 ml/1 cucharada de vino de arroz o jerez seco
una pizca de pimienta recién molida

Remojar los champiñones en agua tibia durante 30 minutos y luego escurrirlos. Retire los tallos y divida la parte superior por la mitad. Cocine los mejillones al vapor durante unos 5 minutos hasta que se abran; desechar los que queden cerrados. Retire las almejas de la concha. Hervir el caldo, añadir las setas, los brotes de bambú, los guisantes y las cebolletas. Cocine descubierto durante 2 minutos. Añade los mejillones, el vino o el jerez, sazona con pimienta y sofríe hasta que estén dorados.

sopa de huevo

Para 4 personas

1,2 l / 2 uds / 5 dl caldo de pollo

3 huevos batidos

45 ml/3 cucharadas de salsa de soja

sal y pimienta recién molida

4 chalotes (cebollas), en rodajas

Lleva el caldo a ebullición. Agrega los huevos batidos poco a poco para que la mezcla se divida en hebras. Agrega la soja y sazona con sal y pimienta. Servir decorado con cebollino.

Sopa de cangrejo y vieiras

Para 4 personas

4 champiñones chinos secos
15 ml/1 cucharada de aceite de maní (nuez).
1 huevo batido
1,5 l / 2½ puntos / 6 dl caldo de pollo
175 g de hojuelas de carne de cangrejo
100 g de mejillones sin cáscara, cortados en rodajas
100 g de brotes de bambú, cortados en rodajas
2 cebolletas (cebolletas), picadas
1 rodaja de jengibre, finamente picado
unas gambas cocidas y peladas (opcional)
45 ml / 3 cucharadas de harina de maíz (almidón de maíz)
90 ml/6 cucharadas de agua
30 ml/2 cucharadas de vino de arroz o jerez seco
20 ml/4 cucharaditas de salsa de soja
2 claras de huevo

Remojar los champiñones en agua tibia durante 30 minutos y luego escurrirlos. Retire los tallos y corte la parte superior en rodajas finas. Calentar el aceite, añadir el huevo e inclinar la sartén para que el huevo cubra el fondo. cocinar escurrir, dar vuelta y freír por el otro lado. Retirar de la sartén, enrollar y cortar en tiras finas.

Deje hervir el caldo, agregue los champiñones, los fideos de huevo, la carne de cangrejo, los mejillones, los brotes de bambú, las chalotas, el jengibre y, opcionalmente, los camarones. Hervir nuevamente. Mezclar la maicena con 60 ml/4 cucharadas de agua, vino o jerez y soja y mezclar con la sopa. Cocine a fuego lento, revolviendo constantemente, hasta que la sopa espese. Batir las claras con el agua restante hasta que estén firmes y verter lentamente la mezcla en la sopa, revolviendo vigorosamente.

sopa de cangrejo

Para 4 personas

90 ml / 6 cucharadas de aceite de maní (nuez).
3 cebollas picadas
225 g de carne de cangrejo blanco y marrón
1 rodaja de jengibre, finamente picado
1,2 l / 2 uds / 5 dl caldo de pollo
150 ml/¼ pt. / una copa de vino de arroz o jerez seco
45 ml/3 cucharadas de salsa de soja
sal y pimienta recién molida

Calentar el aceite y sofreír la cebolla hasta que esté blanda pero no dorada. Agrega la carne de cangrejo y el jengibre y sofríe durante 5 minutos. Agrega el caldo, el vino o jerez y la salsa de soja, sazona con sal y pimienta. Llevar a ebullición y luego cocinar a fuego lento durante 5 minutos.

Sopa de pescado

Para 4 personas

225 g de filete de pescado
1 rodaja de jengibre, finamente picado
15 ml/1 cucharada de vino de arroz o jerez seco
30 ml/2 cucharadas de aceite de maní (maní).
1,5 l / 2½ puntos / 6 dl caldo de pescado

Cortar el pescado en tiras finas cerca de la piel. Mezclar el jengibre, el vino o jerez y el aceite de oliva, añadir el pescado y mezclar suavemente. Dejar marinar durante 30 minutos, revolviendo ocasionalmente. Llevar a ebullición el caldo, añadir el pescado y cocinar durante 3 minutos.

Pescado y sopa principal

Para 4 personas

225 g de filete de pescado blanco

30 ml/2 cucharadas de harina (sí).

sal y pimienta recién molida

90 ml / 6 cucharadas de aceite de maní (nuez).

6 cebollines (cebolletas), en rodajas

100 g de lechuga picada

1,2 l/2pt/5 vasos de agua

10 ml/2 cucharaditas de raíz de jengibre finamente picada

150 ml / ¼ pt / ½ taza grande de vino de arroz o jerez seco

30 ml / 2 cucharadas de harina de maíz (almidón de maíz)

30 ml/2 cucharadas de perejil fresco picado

10 ml/2 cucharaditas de jugo de limón

30 ml/2 cucharadas de salsa de soja

Cortar el pescado en tiras finas y untarlas con harina condimentada. Calentar el aceite y sofreír la cebolleta hasta que esté blanda. Agrega la ensalada y sofríe por 2 minutos. Agrega el pescado y cocina por 4 minutos. Agrega agua, jengibre y vino o jerez, lleva a ebullición, tapa y cocina por 5 minutos. Mezcla la maicena con un poco de agua y agrégala a la sopa. Cocine a fuego lento y revuelva por otros 4 minutos hasta que se forme una sopa.

enjuague y sazone con sal y pimienta. Servir espolvoreado con perejil, jugo de limón y soja.

Sopa de jengibre con albóndigas

Para 4 personas

5 cm / 2 raíz de jengibre rallada

350 g de azúcar moreno

1,5 l / 2½ puntos / 7 vasos de agua

225 g / 8 oz / 2 tazas de harina de arroz

2,5ml/½ cucharadita de sal

60 ml/4 cucharadas de agua

Coloca el jengibre, el azúcar y el agua en una cacerola y lleva a ebullición, revolviendo constantemente. Tapar y cocinar durante unos 20 minutos. Cuela la sopa y viértela nuevamente en la olla.

Mientras tanto, vierte la harina y la sal en un bol y mézclalas poco a poco con suficiente agua hasta crear una masa espesa. Formar bolitas y verter los ñoquis en la sopa. Llevar la sopa a ebullición, tapar y cocinar a fuego lento durante 6 minutos más, hasta que los ñoquis estén cocidos.

sopa fuerte y agria

Para 4 personas

8 champiñones chinos secos

1 L / 1¾ uds. / 4¼ dl caldo de pollo

100 g de carne de pollo, cortada en tiras

100 g de brotes de bambú cortados en tiras

100 g de tofu, cortado en tiras

15 ml/1 cucharada de salsa de soja

30ml/2 cucharadas de vinagre

30 ml / 2 cucharadas de harina de maíz (almidón de maíz)

2 huevos batidos

unas gotas de aceite de sésamo

Remojar los champiñones en agua tibia durante 30 minutos y luego escurrirlos. Retire los tallos y corte las tapas en tiras. Llevar a ebullición los champiñones, el caldo, el pollo, los brotes de bambú y el tofu, tapar y cocinar a fuego lento durante 10 minutos. Mezcle la salsa de soja, el vinagre y la maicena hasta que quede suave, agregue a la sopa y cocine por 2 minutos hasta que la sopa esté dorada. Agrega poco a poco los huevos y el aceite de sésamo, revolviendo constantemente. Cubra y reserve durante 2 minutos antes de servir.

Sopa de champiñones

Para 4 personas

15 champiñones chinos secos
1,5 l / 2½ puntos / 6 dl caldo de pollo
5 ml/1 cucharadita de sal

Remoja los champiñones en agua tibia durante 30 minutos, luego cuélalos reservando el líquido. Retire los tallos, corte los cogollos por la mitad si son grandes y colóquelos en un recipiente grande resistente al calor. Coloque el recipiente sobre la rejilla de la vaporera. Hervir el caldo, cubrir con los champiñones, tapar y cocinar durante 1 hora en agua hirviendo. Sazonar con sal y servir.

Sopa de champiñones y repollo

Para 4 personas

25 g de champiñones chinos secos
15 ml/1 cucharada de aceite de maní (nuez).
50g de hojas de porcelana molida
15 ml/1 cucharada de vino de arroz o jerez seco
15 ml/1 cucharada de salsa de soja
1,2 l/2 puntos/5 dl caldo de pollo o verduras
sal y pimienta recién molida
5 ml/1 cucharadita de aceite de sésamo

Remojar los champiñones en agua tibia durante 30 minutos y luego escurrirlos. Retire los tallos y corte la parte superior. Calentar el aceite y sofreír los champiñones y las hojas de porcelana durante 2 minutos hasta que estén bien cubiertos. Desglasar con vino o jerez y salsa de soja, luego añadir el caldo. Llevar a ebullición, sazonar con sal y pimienta y cocinar por 5 minutos. Antes de servir, unte con aceite de sésamo.

Sopa de champiñones y huevo

Para 4 personas

1 L / 1¾ uds. / 4¼ dl caldo de pollo

30 ml / 2 cucharadas de harina de maíz (almidón de maíz)

100 g de champiñones cortados en rodajas

1 cebolla finamente picada

pizca de sal

3 gotas de aceite de sésamo

2,5 ml/½ cucharadita de salsa de soja

1 huevo batido

Mezclar un poco de caldo con la maicena, luego mezclar todos los ingredientes menos el huevo. Llevar a ebullición, tapar y cocinar durante 5 minutos. Agrega el huevo, revolviendo continuamente con un palito, para que el huevo forme cuerdas. Retirar del fuego y reservar durante 2 minutos antes de servir.

Sopa de setas y castañas con agua

Para 4 personas

1 l / 1¾ pt / 4¼ tazas de caldo de verduras o agua

2 cebollas, finamente picadas

5 ml/1 cucharadita de vino de arroz o jerez seco

30 ml/2 cucharadas de salsa de soja

225 gramos de champiñones

100 g de castañas de agua, en rodajas

100 g de brotes de bambú, cortados en rodajas

unas gotas de aceite de sésamo

2 hojas de lechuga, cortadas en trozos

2 cebollas (chalotes), cortadas en trozos

Llevar a ebullición el agua, la cebolla, el vino o la salsa de jerez y soja, tapar y cocinar durante 10 minutos. Añade las setas, las castañas de agua y los brotes de bambú, tapa y cocina durante 5 minutos. Agrega el aceite de sésamo, las hojas de lechuga y la cebolleta, retira del fuego, tapa y reserva 1 minuto antes de servir.

Sopa de cerdo y champiñones

Para 4 personas

60 ml/4 cucharadas de aceite de maní (maní).
1 diente de ajo, machacado
2 cebollas, rebanadas
225 g de carne magra de cerdo, cortada en tiras
1 apio, picado
50 g de champiñones cortados en rodajas
2 zanahorias, cortadas en rodajas
1,2 L / 2 pzas / 5 dl de caldo de carne
15 ml/1 cucharada de salsa de soja
sal y pimienta recién molida
15 ml / 1 cucharada de harina de maíz (almidón de maíz)

Calentar el aceite de oliva y sofreír el ajo, la cebolla y el cerdo hasta que la cebolla esté suave y ligeramente dorada. Agrega el apio, los champiñones y las zanahorias, tapa y cocina a fuego lento durante 10 minutos. Lleva el caldo a ebullición, luego agrégalo a la sartén con la salsa de soja y sazona con sal y pimienta. Mezclar la maicena con un poco de agua, luego verterla en la sartén y freír, revolviendo constantemente, durante unos 5 minutos.

Sopa de cerdo y berros

Para 4 personas

1,5 l / 2½ puntos / 6 dl caldo de pollo
100 g de carne magra de cerdo cortada en tiras
3 tallos de apio, cortados en rodajas
2 cebolletas (cebolletas), cortadas en rodajas
1 manojo de berros
5 ml/1 cucharadita de sal

Llevar el caldo a ebullición, agregar la carne de cerdo y el apio, tapar y cocinar a fuego lento durante 15 minutos. Añade la cebolleta, los berros, la sal y cocina tapado durante unos 4 minutos.

Sopa De Pepino Y Cerdo

Para 4 personas

100 g de carne magra de cerdo, cortada en rodajas finas
5 ml / 1 cucharadita de harina de maíz (almidón de maíz)
15 ml/1 cucharada de salsa de soja
15 ml/1 cucharada de vino de arroz o jerez seco
1 pepino
1,5 l / 2½ puntos / 6 dl caldo de pollo
5 ml/1 cucharadita de sal

Mezcla carne de cerdo, maicena, salsa de soja y vino o jerez. Mezcle para cubrir la carne de cerdo. Pela el pepino y córtalo por la mitad a lo largo, quítale las semillas. Cortar en rodajas gruesas. Llevar a ebullición el caldo, agregar la carne de cerdo, tapar y cocinar por 10 minutos. Agrega el pepino y sofríe unos minutos hasta que quede traslúcido. Agrega sal y un poco más de soja al gusto.

Sopa con albóndigas y tallarines

Para 4 personas

50 g de fideos de arroz
225 g de carne de cerdo molida (picada).
5 ml / 1 cucharadita de harina de maíz (almidón de maíz)
2,5ml/½ cucharadita de sal
30 ml/2 cucharadas de agua
1,5 l / 2½ puntos / 6 dl caldo de pollo
1 cebolleta (finamente picada).
5 ml/1 cucharadita de salsa de soja

Remoja la pasta en agua fría mientras preparas las albóndigas. Mezclar la carne de cerdo, la maicena, un poco de sal y agua y formar bolitas del tamaño de una nuez. Hervir agua en una olla, agregar las albóndigas de cerdo, tapar y cocinar a fuego lento durante 5 minutos. Escurrir y escurrir bien la pasta. Llevar a ebullición el caldo, añadir las albóndigas y los tallarines, tapar y cocinar durante 5 minutos. Agrega las chalotas, la salsa de soja y la sal restante y cocina por 2 minutos más.

Sopa De Espinacas Y Tofu

Para 4 personas

1,2 l / 2 uds / 5 dl caldo de pollo

200 g de tomates enlatados, lavados y cortados en trozos

225 g de tofu, cortado en cubos

225 g de espinacas picadas

30 ml/2 cucharadas de salsa de soja

5 ml/1 cucharadita de azúcar moreno

sal y pimienta recién molida

Hervir el caldo, agregar los tomates, el tofu y las espinacas, mezclar suavemente. Llevar a ebullición nuevamente y cocinar por 5 minutos. Agrega la soja y el azúcar, sazona con sal y pimienta. Cocine por 1 minuto antes de servir.

Sopa de maíz dulce y cangrejo

Para 4 personas

1,2 l / 2 uds / 5 dl caldo de pollo

200 g de maíz dulce

sal y pimienta recién molida

1 huevo batido

200 g de hojuelas de carne de cangrejo

3 chalotes, finamente picados

Hervir el caldo, agregar el maíz, sazonar con sal y pimienta. Cocine a fuego lento durante 5 minutos. Justo antes de servir, rompe los huevos con un tenedor y agrégalos a la sopa. Sirva espolvoreado con carne de cangrejo y chalotas picadas.

sopa de sichuan

Para 4 personas

4 champiñones chinos secos

1,5 l / 2½ puntos / 6 dl caldo de pollo

75 ml/5 cucharadas de vino blanco seco

15 ml/1 cucharada de salsa de soja

2,5 ml/½ cucharadita de salsa picante

30 ml / 2 cucharadas de harina de maíz (almidón de maíz)

60 ml/4 cucharadas de agua

100 g de carne magra de cerdo cortada en tiras

50 g de jamón cocido cortado en tiras

1 pimiento rojo, cortado en tiras

50 g de castañas de agua, en rodajas

10ml/2 cucharaditas de vinagre

5 ml/1 cucharadita de aceite de sésamo

1 huevo batido

100 g de gambas peladas

6 cebollas (cebollas), picadas

175 g de tofu, cortado en cubos

Remojar los champiñones en agua tibia durante 30 minutos y luego escurrirlos. Retire los tallos y corte la parte superior. Trae el caldo, el vino, la soja.

Llevar a ebullición la salsa y la salsa de chile, tapar y cocinar por 5 minutos. Mezcla la maicena con la mitad del agua y agrégala a la sopa, revolviendo hasta que espese. Añade las setas, el cerdo, el jamón, los pimientos y las castañas de agua y sofríe durante 5 minutos. Mezcla vinagre y aceite de sésamo. Batir los huevos con el agua restante y verterlos en la sopa, revolviendo vigorosamente. Añade las gambas, las chalotas y el tofu y sofríe unos minutos hasta que estén bien cocidos.

sopa de tofu

Para 4 personas

1,5 l / 2½ puntos / 6 dl caldo de pollo

225 g de tofu, cortado en cubos

5 ml/1 cucharadita de sal

5 ml/1 cucharadita de salsa de soja

Hervir el caldo, añadir el tofu, la sal y la salsa de soja. Cocine por unos minutos hasta que el tofu esté caliente.

Sopa de pescado y tofu

Para 4 personas

225 g de filetes de pescado blanco cortados en tiras
150 ml / ¼ pt / ½ taza grande de vino de arroz o jerez seco
10 ml/2 cucharaditas de raíz de jengibre finamente picada
45 ml/3 cucharadas de salsa de soja
2,5ml/½ cucharadita de sal
60 ml/4 cucharadas de aceite de maní (maní).
2 cebollas picadas
100 g de champiñones cortados en rodajas
1,2 l / 2 uds / 5 dl caldo de pollo
100 g de tofu, cortado en cubos
sal y pimienta recién molida

Coloca el pescado en un bol. Mezclar el vino o jerez, el jengibre, la soja y la sal y verter sobre el pescado. Dejar marinar durante 30 minutos. Calentar el aceite y sofreír la cebolla durante 2 minutos. Agrega los champiñones y continúa sofriendo hasta que la cebolla esté suave pero no dorada. Agrega el pescado y la marinada, lleva a ebullición, tapa y cocina por 5 minutos. Vierta el caldo, vuelva a hervir, tape y cocine a fuego lento durante 15 minutos. Agrega el tofu y sazona con sal y pimienta. Cocine hasta que el tofu esté cocido.

sopa de tomate

Para 4 personas

400 g de tomates enlatados, enjuagados y picados
1,2 l / 2 uds / 5 dl caldo de pollo
1 rodaja de jengibre, finamente picado
15 ml/1 cucharada de salsa de soja
15ml/1 cucharada de salsa de chile
10ml/2 cucharaditas de azúcar

Coloca todos los ingredientes en una cacerola y lleva a ebullición, revolviendo ocasionalmente. Cocine durante unos 10 minutos antes de servir.

Sopa de tomate y sopa de espinacas

Para 4 personas

1,2 l / 2 uds / 5 dl caldo de pollo
225 g de tomates pelados enlatados
225 g de tofu, cortado en cubos
225 g de espinacas
30 ml/2 cucharadas de salsa de soja
sal y pimienta recién molida
2,5ml/½ cucharadita de azúcar
2,5 ml/½ cucharadita de vino de arroz o jerez seco

Llevar el caldo a ebullición, añadir los tomates, el tofu y las espinacas y cocinar durante 2 minutos. Agrega los demás ingredientes y cocina por 2 minutos, luego mezcla bien y sirve.

sopa de nabos

Para 4 personas

1 L / 1¾ uds. / 4¼ dl caldo de pollo

1 nabo grande, en rodajas finas

200 g de carne magra de cerdo, cortada en rodajas finas

15 ml/1 cucharada de salsa de soja

60ml/4 cucharadas de brandy

sal y pimienta recién molida

4 chalotes, finamente picados

Llevar a ebullición el caldo, añadir los nabos y la carne de cerdo, tapar y cocinar durante 20 minutos hasta que los nabos estén tiernos y la carne cocida. Mezclar salsa de soja y coñac al gusto. Cocine hasta que esté caliente y sirva espolvoreado con chalotas.

sopa

Para 4 personas

6 champiñones chinos secos
1 l/1¾ pt. /4 ¼ tazas de caldo de verduras
50 g de brotes de bambú cortados en tiras
50 g de castañas de agua, en rodajas
8 chips, cortados en rodajas
5 ml/1 cucharadita de salsa de soja

Remojar los champiñones en agua tibia durante 30 minutos y luego escurrirlos. Retire los tallos y corte las tapas en tiras. Añádelas al caldo con los brotes de bambú y las castañas de agua, lleva a ebullición, tapa y cocina durante 10 minutos. Agregue los guisantes y la soja, cubra y cocine a fuego lento durante 2 minutos. Reservar durante 2 minutos antes de servir.

sopa vegetariana

Para 4 personas

¼ de repollo

2 zanahorias

3 tallos de apio

2 cebolletas (cebolleta)

30 ml/2 cucharadas de aceite de maní (maní).

1,5 l / 2½ puntos / 6 vasos de agua

15 ml/1 cucharada de salsa de soja

15 ml/1 cucharada de vino de arroz o jerez seco

5 ml/1 cucharadita de sal

pimienta recién molida

Corta las verduras en tiras. Calentar el aceite y sofreír las verduras durante 2 minutos hasta que empiecen a ablandarse. Agrega el resto de los ingredientes, lleva a ebullición, tapa y cocina por 15 minutos.

sopa de berro

Para 4 personas

1 L / 1¾ uds. / 4¼ dl caldo de pollo
1 cebolla, finamente picada
1 apio, finamente picado
225 g de berros, picados en trozos grandes
sal y pimienta recién molida

Hervir el caldo con la cebolla y el apio, tapar y cocinar a fuego lento durante 15 minutos. Agrega los berros, tapa y cocina por 5 minutos. Condimentar con sal y pimienta.

Pescado frito con verduras

Para 4 personas

4 champiñones chinos secos
4 pescados enteros, limpios y sin escamas
freír en aceite
30 ml / 2 cucharadas de harina de maíz (almidón de maíz)
45 ml/3 cucharadas de aceite de maní (maní).
100 g de brotes de bambú cortados en tiras
50 g de castañas de agua cortadas en tiras
50 g de bok choy, picado
2 rodajas de jengibre, picado
30 ml/2 cucharadas de vino de arroz o jerez seco
30 ml/2 cucharadas de agua
15 ml/1 cucharada de salsa de soja
5ml/1 cucharadita de azúcar
120 ml / 4 oz / ¬Ω taza de caldo de pescado
sal y pimienta recién molida
¬Ω cabeza de lechuga picada
15 ml/1 cucharada de hojas de perejil picado

Remojar los champiñones en agua tibia durante 30 minutos y luego escurrirlos. Retire los tallos y corte la parte superior. Espolvorea la mitad sobre el pescado.

maicena y sacudir el exceso. Calentar el aceite y freír el pescado durante unos 12 minutos hasta que esté cocido. Escurrir sobre papel absorbente y mantener caliente.

Calentar el aceite y sofreír las setas, los brotes de bambú, las castañas de agua y la col blanca durante 3 minutos. Añade el jengibre, el vino o jerez, 15ml/1 cucharada de agua, la salsa de soja y el azúcar y sofríe durante 1 minuto. Vierta el caldo, sal y pimienta, lleve a ebullición, cubra con una tapa y cocine por 3 minutos. Mezclar la maicena con el agua restante, verterla en la sartén y cocinar a fuego lento, revolviendo constantemente, hasta que la salsa espese. Distribuir la ensalada en un plato y colocar encima el pescado. Vierte sobre las verduras y la salsa y sirve decorando con perejil.

Pescado entero al horno

Para 4 personas

1 lubina grande o pescado similar
45 ml / 3 cucharadas de harina de maíz (almidón de maíz)
45 ml/3 cucharadas de aceite de maní (maní).
1 cebolla picada
2 dientes de ajo, picados
50 g de jamón cortado en tiras
100 g de gambas peladas
15 ml/1 cucharada de salsa de soja
15 ml/1 cucharada de vino de arroz o jerez seco
5ml/1 cucharadita de azúcar
5 ml/1 cucharadita de sal

Unte el pescado con maicena. Calentar el aceite de oliva y sofreír la cebolla y el ajo hasta que estén dorados. Agrega el pescado y sofríe por ambos lados hasta que esté dorado. Envuelve el pescado en papel de aluminio y colócalo en una fuente para horno, decora con jamón y camarones. Agrega la salsa de soja, el vino o jerez, el azúcar y la sal a la sartén y mezcla bien. Vierta sobre el pescado, cubra con film transparente y cocine en horno precalentado a 150-∞C / 300-∞F / nivel de gas 2 durante 20 minutos.

Pescado de soja al vapor

Para 4 personas

1 lubina grande o pescado similar

sal

50 g / 2 oz / ¬Ω taza de harina para todo uso.

60 ml/4 cucharadas de aceite de maní (maní).

3 rodajas de jengibre, picado

3 chalotas (cebollas), picadas

250 ml/8 onzas/1 taza de agua

45 ml/3 cucharadas de salsa de soja

15 ml/1 cucharada de vino de arroz o jerez seco

2,5 ml/¬Ω cucharadita de azúcar

Limpiar el pescado, pelarlo y cortarlo en diagonal por ambos lados. Espolvorea con sal y deja reposar durante 10 minutos. Calentar el aceite y freír el pescado hasta que esté dorado por ambos lados, volteándolo una vez y rociándolo con aceite mientras se fríe. Añade el jengibre, el cebollino, el agua, la soja, el vino o jerez y el azúcar, lleva a ebullición, tapa y cocina durante 20 minutos, hasta que el pescado esté cocido. Servir caliente o frío.

Pescado de soja con salsa de ostras

Para 4 personas

1 lubina grande o pescado similar

sal

60 ml/4 cucharadas de aceite de maní (maní).

3 chalotas (cebollas), picadas

2 rodajas de jengibre, picado

1 diente de ajo, machacado

45 ml/3 cucharadas de salsa de ostras

30 ml/2 cucharadas de salsa de soja

5ml/1 cucharadita de azúcar

250 ml/8 onzas/1 taza de caldo de pescado

Limpiar el pescado, retirarlo y sofreírlo en diagonal varias veces por cada lado. Espolvorea con sal y deja reposar durante 10 minutos. Calentar la mayor parte del aceite y freír el pescado hasta que esté dorado por ambos lados, volteándolo una vez. Mientras tanto, calentar el aceite restante en una sartén aparte y sofreír la cebolla, el jengibre y el ajo hasta que estén dorados. Agrega la salsa de ostras, la salsa de soja y el azúcar y sofríe durante 1 minuto. Agrega el caldo y deja hervir. Vierta la mezcla sobre el dorado, vuelva a hervir, tape y cocine a fuego lento durante aprox.

Cocine durante 15 minutos hasta que el pescado esté cocido, volteándolo una o dos veces durante la cocción.

lubina al vapor

Para 4 personas

1 lubina grande o pescado similar
2,25 l / 4 uds / 10 vasos de agua
3 rodajas de jengibre, picado
15ml/1 cucharada de sal
15 ml/1 cucharada de vino de arroz o jerez seco
30 ml/2 cucharadas de aceite de maní (maní).

Limpiar el pescado, pelarlo y hacer varios cortes diagonales por ambos lados. Hervir agua en una olla grande y agregar los ingredientes restantes. Sumergir el pescado en el agua, tapar bien, apagar el fuego y dejar reposar durante 30 minutos hasta que el pescado esté cocido.

Pescado guisado con champiñones

Para 4 personas

4 champiñones chinos secos
1 carpa grande o pescado similar
sal
45 ml/3 cucharadas de aceite de maní (maní).
2 cebolletas (cebolletas), picadas
1 rodaja de jengibre, finamente picado
3 dientes de ajo, picados
100 g de brotes de bambú cortados en tiras
250 ml/8 onzas/1 taza de caldo de pescado
30 ml/2 cucharadas de salsa de soja
15 ml/1 cucharada de vino de arroz o jerez seco
2,5 ml/¬Ω cucharadita de azúcar

Remojar los champiñones en agua tibia durante 30 minutos y luego escurrirlos. Retire los tallos y corte la parte superior. Cortar el pescado varias veces en diagonal por ambos lados, espolvorear con sal y reservar durante 10 minutos. Calentar el aceite y sofreír el pescado hasta que esté dorado por ambos lados. Agrega el cebollino, el jengibre y el ajo y sofríe durante 2 minutos. Agrega el resto de los ingredientes, lleva a ebullición y tapa.

y cocine por 15 minutos hasta que el pescado esté cocido, volteándolo una o dos veces y revolviendo ocasionalmente.

pescado agridulce

Para 4 personas

1 lubina grande o pescado similar
1 huevo batido
50 g de harina de maíz (almidón de maíz)
freír en aceite

Para la salsa:

15 ml/1 cucharada de aceite de maní (nuez).
1 pimiento verde, cortado en tiras
100g de piña en almíbar en lata
1 cebolla, picada
100 g / 4 oz / ¬Ω taza de azúcar moreno
60 ml/4 cucharadas de caldo de pollo
60 ml/4 cucharadas de vinagre
15 ml / 1 cucharada de puré de tomate (concentrado)
15 ml / 1 cucharada de harina de maíz (almidón de maíz)
15 ml/1 cucharada de salsa de soja
3 chalotas (cebollas), picadas

Limpiar el pescado, quitándole las aletas y la cabeza si es necesario. Vierte el huevo batido y luego la maicena. Calentar el aceite y sofreír el pescado hasta que esté cocido. Escurrir bien y mantener caliente.

Calentar el aceite para la salsa y sofreír los pimientos, la piña escurrida y la cebolla durante 4 minutos. Agregue 30 ml/2 cucharadas de jarabe de piña, azúcar, caldo, vinagre, pasta de tomate, maicena y salsa de soja y deje hervir, revolviendo constantemente. Cocine a fuego lento, revolviendo, hasta que la salsa se vuelva ligera y espesa. Vierta sobre el pescado y sirva espolvoreado con cebolletas.

Pescado relleno de cerdo

Para 4 personas

1 carpa grande o pescado similar

sal

100 g de carne de cerdo picada (picada).

1 cebolla tierna (cebolleta), picada

4 rodajas de jengibre, picado

15 ml / 1 cucharada de harina de maíz (almidón de maíz)

60 ml/4 cucharadas de salsa de soja

15 ml/1 cucharada de vino de arroz o jerez seco

5ml/1 cucharadita de azúcar

75 ml/5 cucharadas de aceite de maní (nuez).

2 dientes de ajo, picados

1 cebolla, picada

300 ml / ¬Ω pt / 1¬° vaso de agua

Limpiar el pescado, pelarlo y espolvorearlo con sal. Mezclar la carne de cerdo, la cebolleta, un poco de jengibre, maicena, 15ml/1 cucharada de salsa de soja, vino o jerez y azúcar y rellenar el pescado. Calentar el aceite y freír el pescado hasta que esté dorado por ambos lados, luego retirar de la sartén y escurrir la mayor parte del aceite. Agrega el resto del ajo y el jengibre y sofríe hasta que estén dorados.

Agrega el resto de la salsa de soja y el agua, lleva a ebullición y cocina por 2 minutos. Regrese el pescado a la sartén, cubra y cocine durante unos 30 minutos hasta que esté bien cocido, volteándolo una o dos veces.

Carpa al vapor, picante

Para 4 personas

1 carpa grande o pescado similar

150 ml / ¬° vie. / una taza generosa de aceite de maní ¬Ω (maní).

15 ml/1 cucharada de azúcar

2 dientes de ajo, finamente picados

100 g de brotes de bambú, cortados en rodajas

150 ml / ¬° vie. / buena ¬Ω taza de caldo de pescado

15 ml/1 cucharada de vino de arroz o jerez seco

15 ml/1 cucharada de salsa de soja

2 cebolletas (cebolletas), picadas

1 rodaja de jengibre, finamente picado

15 ml/1 cucharada de vinagre salado

Limpiar el pescado, quitarle las escamas y dejarlo en remojo en agua fría durante unas horas. Escurrir y secar, luego cortar varias veces de cada lado. Calentar el aceite y sofreír el pescado hasta que esté dorado por ambos lados. Retirar de la sartén y verter, reservando todo menos 30 ml/2 cucharadas de aceite. Vierte el azúcar en la sartén y revuelve hasta que se oscurezca. Agrega el ajo y los brotes de bambú y mezcla bien. Agrega los ingredientes restantes, lleva a ebullición, regresa el pescado a la sartén, tapa y cocina por unos 15 minutos hasta que el pescado esté cocido.

Coloca el pescado en un plato caliente y vierte la salsa por encima.

www.ingramcontent.com/pod-product-compliance
Lightning Source LLC
Chambersburg PA
CBHW050158130526
44591CB00034B/1323